ATLAS ILUSTRADO DE FÚTBOL

Diseño, textos, documentación e ilustración digital: Eduardo Trujillo Correa
Corrección: David Busto
Diseño de cubierta: más!gráfica

© SUSAETA EDICIONES, S.A. - Obra colectiva
C/ Campezo, 13 - 28022 Madrid
Tel.: 91 3009100 - Fax: 91 3009118
www.susaeta.com

ATLAS ILUSTRADO DE FÚTBOL

susaeta

INTRODUCCIÓN

LA FASCINACIÓN DE UN MITO

Desde la Antigüedad, el hombre ha recurrido a mitos para plantear y resolver preguntas existenciales relativas a su vida. Protagonizado por seres sobrenaturales o extraordinarios, el mito relata sucesos prodigiosos, cuyo acontecer crea una tradición sagrada. Constituido por contrarios irreconciliables –creación contra destrucción, vida frente a muerte, dioses contra hombres–, el mito proporciona finalmente la reconciliación de esos polos a fin de conjurar nuestra angustia.

Hoy día, esta descripción del mito se ajusta perfectamente al fútbol, de ahí la multitudinaria fascinación que este deporte suscita en países y culturas diferentes de todo el mundo. Como la vida misma, el fútbol está repleto de sus propios gestos, ceremonias, leyendas, procedimientos, normas y conflictos. Contiene idénticas emociones, desata las mismas pasiones, con la diferencia de que el conflicto entre polos antagónicos se resuelve en el tiempo reglamentario o, a lo más, en la prórroga y en la tanda de penaltis.

Esta simulación de un combate reglado tiene como protagonistas a sus propios héroes y villanos con nombres, apellidos, marcas, banderas y emblemas. En este *Atlas ilustrado de fútbol*, podrá conocerlos a todos.

Le invitamos a recorrer la apasionante historia de esta contienda deportiva donde 22 jugadores luchan en una cancha con un balón: su origen, sus reglas, sus actores y los escenarios donde el drama se desarrolla. Tal vez así comprenda mejor por qué el fútbol se ha convertido en el gran espectáculo de nuestro tiempo, capaz de arrastrar miles de millones de espectadores, de mover cantidades ingentes de dinero pero, sobre todo, de provocar emociones.

ÍNDICE

HISTORIA DEL JUEGO

La historia del fútbol moderno, tal cual hoy lo conocemos, arranca en 1863. Ese año, en una taberna de Londres (Inglaterra), se fundó The Football Association. Sin embargo, es posible rastrear los orígenes de este deporte varios siglos atrás, en las mismas islas Británicas, durante el medievo.

Aunque desde el siglo III a. C. se generaron en el mundo diferentes juegos de pelota, que tenían puntos en común con el fútbol actual, lo cierto es que este deporte nace como tal en las mencionadas islas. Los primeros códigos británicos que dieron lugar al *fútbol asociación* regulaban un juego poco organizado y muy violento. Hay que decir, sin embargo, que existían otras modalidades menos violentas y mejor organizadas: quizás una de los más conocidas fue el *calcio florentino*, deporte de equipo muy popular en Italia que, a su vez, influyó en los códigos de algunas escuelas futbolísticas.

La formación del *fútbol asociación* recibió su impulso definitivo en 1848, año en que representantes de diferentes colegios ingleses se dieron cita en la Universidad de Cambridge. Aprobado en aquella reunión, el código Cambridge sirvió como base para el primer reglamento del fútbol moderno, que se haría oficial finalmente en 1863, al constituirse The Football Association.

Poco después, en 1886, el fútbol trascendió fronteras al reunirse por primera vez la International Football Association Board. Ya comenzado el siglo XX, en 1904, se funda la Federación Internacional de Fútbol Asociación (FIFA) y, a partir de 1930, comienza a disputarse la Copa Mundial de Fútbol, que pronto se convertirá en un evento deportivo multitudinario.

Desde entonces, el fútbol ha vivido un crecimiento constante hasta convertirse en el deporte más popular del mundo. Apenas existe rincón del planeta adonde no haya llegado y actualmente su práctica involucra, según cálculos de la FIFA, a unos 270 millones de personas.

ANTIGUOS JUEGOS DE PELOTA
Tsu chu o cuju

Durante la dinastía Han, China se convirtió en un estado oficialmente confuciano y prosperó en el ámbito interno, a tal grado que la población llegó a los 50 millones de habitantes.

En ese tiempo, el Imperio chino extendió su influencia cultural y política sobre los actuales Vietnam, Asia Central, Mongolia y Corea.

Durante la dinastía Han, en China florecieron las artes y la literatura. Los avances tecnológicos también marcaron este periodo. Uno de los grandes inventos chinos, el papel, data de esta época.

Coincidentes en el tiempo, el Imperio Han y el de los romanos eran los mayores que existían en ese momento en el mundo conocido.

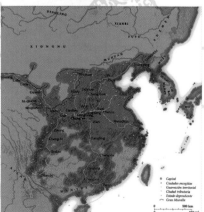

Cuenta una antigua tradición oral que un príncipe de la dinastía Song (960-1279) jugaba al fútbol con sus sirvientes en el palacio imperial de Bianliang (la actual Kaifeng, en la provincia china de Henan). Ostentaba con entusiasmo sus habilidades cuando, de repente, una pelota voló hacia él como un relámpago, y fue a parar fuera de la cancha. Justo en ese momento, un sirviente —que tenía una caja en la mano— paró ágilmente la pelota y, antes de que cayera al suelo, la devolvió al príncipe. Concluye el relato que éste quedó maravillado y fue así como se puso de moda este deporte.

En China, se han encontrado documentos históricos que acreditan la existencia de un deporte semejante al fútbol desde, al menos, los siglos III y II a. C. El juego era llamado entonces *ts'uh Kúh*, aunque también se lo denominaba *tsu chu o cuju* (de «*tsu*», que significa dar patadas, y «*chu*», bola hecha de cuero relleno). Consistía en lanzar una pelota con los pies hacia una pequeña red. Una variante de esta diversión obligaba al jugador a sortear el ataque de sus rivales y, además, se cree que incluso los emperadores tomaban parte del juego.

Estas primeras referencias al fútbol se hallaron en un manual de ejercicios militares correspondientes a la dinastía Han de la antigua China. En esa época, los estrategas militares tomaron el *cuju* como un medio para entrenar a su ejército. Así, los soldados se mantenían en forma, fortalecían su valor y aumentaban su conciencia de ataque y defensa. De hecho, se dice que, en la guerra contra los hunos, el famoso general Huo Qubing organizaba frecuentes partidos para animar a sus soldados.

ANTIGUOS JUEGOS DE PELOTA
Kemari

El *kemari* es un juego que ha sobrevivido en Japón hasta nuestros días. Se desarrolló a partir del *cuju* chino, introducido en el país del sol naciente alrededor del año 600 d. C., durante el Periodo Asuka.

Esta disciplina requiere entre seis y ocho jugadores llamados *mariashi*, pero a veces pueden participar hasta doce. El juego consiste en impedir que la pelota toque el suelo. Para ello, los deportistas sólo pueden servirse de los pies y se pasan la pelota entre sí.

Inicialmente, el kemari *fue un juego aristocrático pero, entre los siglos X y XVI, el juego se expandió a todas las clases sociales. Fue su época de oro, un tiempo en que el kemari se transformó en la inspiración de poetas y escritores.*

El traje con el que se practica el kemari es conocido como kariginu. Se trata de un traje de seda, popular en la Era Asuka, cuya principal característica son las largas mangas.

El balón o *mari* tiene un diámetro de entre 23 y 25 cm; se fabrica rellenando de serrín un cuero de ciervo. La pista de juego recibe el nombre de *kikutsubo* y mide 15 m de largo, aunque su tamaño puede variar según el número de jugadores. Está delimitada por cuatro árboles plantados en cada esquina. Tradicionalmente, éstos suelen ser un cerezo, un arce, un sauce y un pino (en representación de las cuatro estaciones).

ANTIGUOS JUEGOS DE PELOTA
Epislcyros y harpastum

Dos juegos de pelota destacaron en el Mediterráneo durante la Antigüedad clásica: el *epislcyros* en Grecia, y el *harpastum* en la Antigua Roma.

Del primero, apenas consta ninguna información. Del juego romano, en cambio, se sabe que lo disputaban dos equipos en un terreno rectangular dividido en mitades por una línea. Los jugadores de cada equipo se pasaban un pequeño balón entre sí, con el objetivo de devolverlo al campo contrario.

Esta modalidad fue muy popular entre los años 700 y 800 a. C. Pese a haber sido introducida en las islas Británicas, es muy dudoso que tuviera algo que ver con el nacimiento del fútbol.

ANTIGUOS JUEGOS DE PELOTA
Pokolpok maya

Considerado como antecedente del fútbol, los mayas llamaban a este juego *pok-ta-pok* o, más correctamente, *pokolpok*. La práctica de esta antigua modalidad de pelota mesoamericana, que los aztecas denominaban *tlachtli*, se remonta a 3.500 años atrás.

Se trataba de un juego ritual, cuya práctica se extendió a través de todas las culturas de la región durante los tres mil años de historia precolombina centroamericana. Bajo la dominación española, su ejercicio fue prohibido por el inquisidor Tomás de Torquemada, aunque nunca desapareció del todo.

En Chichén Itzá (México), se encuentra la cancha de *pokolpok* más grande de Centroamérica: mide 170 metros de largo. Los mayas construían los campos de juego en forma de «L»; dos muros uniformes de siete metros y medio de alto hacían de límite, de modo que cuando el balón rebasaba las paredes laterales, se consideraba fuera de lugar. Recubrían de estuco el suelo y las paredes, que además adornaban con representaciones de dioses. Finalmente, en la parte más alta de cada muro situaban dos aros.

El padre dominico Diego Durán, quien vivió en el virreinato de la Nueva España entre los años 1545 al 1588, describió así una de aquellas canchas: «La altura de las paredes era de entre dos y tres metros y medio de alto, extendiéndose alrededor. Por las costumbres nativas, plantaban palmas y árboles que soltaban semilla roja, cuya madera era suave y ligera. Las paredes de alrededor estaban decoradas con murales o estatuas de piedra. Cuando los reyes jugaban, la cancha se llenaba».

ANTIGUOS JUEGOS DE PELOTA
Fútbol medieval

Durante la Edad Media, en Europa se practicaron variantes del juego que no estaban unificadas por un mismo código. Hoy se las denomina *fútbol medieval* y designan, sobre todo, a las modalidades que se extendieron en el área de influencia británica.

Se sabe que, en torno al año 1170, los jóvenes londinenses practicaban un juego de pelota, cuya violencia hizo que el rey Eduardo II de Inglaterra lo prohibiera en 1314 (al parecer, influyó también el hecho de que sus soldados prefirieran jugar al fútbol, en lugar de practicar con el arco y las flechas). Desde entonces, el fútbol continuó practicándose de forma ilegal.

Otra versión del juego de pelota era el *fútbol de carnaval*, también propio de Gran Bretaña, aunque se cree que proveniente de Francia. Carente de regulación, el juego permitía trasladar el balón a la meta contraria de cualquier forma, excepto el asesinato. El número de participantes por equipo era, generalmente, ilimitado. A menudo, pueblos enteros competían entre sí por batir la meta rival.

Al otro lado del Canal de la Mancha, en cambio, preferían el *soule*. Éste era un juego de pelota que se practicaba en los campos de Francia, a través de prados, bosques, landas y hasta en las villas y estanques. Su meta era devolver el balón en un lugar indicado: por ejemplo, el fogón de una casa. En ciertos casos, se requería incluso mojar el *soule* en una fuente antes de meterlo en la ceniza. De tal forma, el juego se convertía en una galopada inmensa, interrumpida por peleas más o menos encarnizadas. Seguramente por ello, este divertimento no estaba bien visto por las autoridades, que constantemente amenazaban con prohibirlo o, al menos, reglamentarlo.

El *soule*, instrumento del juego, podía ser una pelota de cuero o tela, o bien una vejiga de cerdo llena de heno. A veces incluso, se jugaba con una bola de madera maciza.

ANTIGUOS JUEGOS DE PELOTA
Calcio florentino

Una modalidad menos violenta de fútbol medieval era el llamado *calcio florentino*. Este deporte tuvo sus orígenes en Florencia durante el siglo XVI, y ya en 1580 Giovanni Bardi propuso una primera regulación del juego. Un tratado de 1561 asegura que este deporte influyó en una variante del *fútbol de carnaval* británico.

El *calcio florentino* se disputaba entre dos equipos de 27 jugadores, cuyo objetivo era sumar más puntos que el rival. El campo de juego reunía dimensiones similares a las de una cancha de fútbol actual, aunque estaba cubierto de arena. En cada extremo del campo, se hacía un agujero donde los contrincantes debían introducir la pelota. Para ello, se podían servir de cualquier parte del cuerpo. Cada tanto valía dos puntos, pero si un equipo fallaba el tiro, su rival sumaba medio punto. Ocho árbitros dirigían el encuentro, que duraba 50 minutos.

En 1930, doscientos años después de que el juego se extinguiera, el dictador Benito Mussolini impulsó su recuperación para promover los ideales de la Italia fascista. Desde entonces, los torneos de *calcio florentino* se han seguido disputando una vez al año hasta la actualidad. Ese día, cuatro equipos de colores diferentes —uno por cada zona de Florencia— renuevan su disputa, como en la Edad Media.

ANTIGUOS JUEGOS DE PELOTA
Siglo XIX. Unificaciones

Durante los siglos XVIII y XIX, cada uno de los colegios ingleses donde se practicaba el fútbol fue oficializando su propio conjunto de reglas.

Así, las escuelas de Rugby, Marlborough y Cheltenham desarrollaron juegos donde se permitía el uso de los pies y también de las manos. En cambio, Shrewsbury y Winchester primaban el uso de los pies para patear y trasladar la pelota. De igual manera, si Charterhouse disputaba sus encuentros en los claustros de los monasterios, los colegios de Eton y Harrow lo hacían en grandes terrenos al aire libre, lo cual fomentaba el lanzamiento del balón a grandes distancias utilizando los pies. A diferencia de las otras escuelas, Westminster (Cambridge) toleraba un juego más rudo, donde se permitían los *tackles* o placajes.

En 1848, dos estudiantes de la universidad de Cambridge –Henry de Winton y John Charles Thring– convocaron a miembros de otros colegios para unificar códigos y promover un juego de reglas estandarizadas. Reunidos todos en dicha universidad, aprobaron de común acuerdo las reglas de Cambridge y fundaron el University Football Club.

Estas normas fueron posteriormente tomadas como base para la creación de la Football Association, en 1863.

Si bien es difícil establecer una fecha exacta y universalmente aceptada, el nacimiento del fútbol se suele vincular precisamente a la fundación de The Football Association, el 26 de octubre de 1863.

Días antes de esa fecha, Ebenezer Cobb Morley había hecho un llamamiento a las distintas escuelas y clubes de Inglaterra para reglamentar un nuevo código futbolístico. Reunidos todos en la Taberna Freemason's de Londres, la recién formada Football Association nombró presidente al señor Pamber, en tanto designó como secretario honorario al señor Morley. Pocos días después, este último invitó a las más antiguas y prestigiosas escuelas privadas del país para unirse al movimiento en favor del fútbol organizado.

Algunos equipos aceptaron la propuesta, pero los representantes de Harrow, Charterhouse y Westminster prefirieron permanecer fieles a sus propias normas.

Seis reuniones se sucedieron en la Taberna Freemason's de Londres desde el 26 de octubre hasta el 8 de diciembre de 1863. En la tercera, el presidente de la Football Association leyó las cartas de aquellos clubes que aceptaban las reglas de la asociación. Éstas serían publicadas, por fin, el 1 de diciembre de 1863.

Las 13 reglas oficializadas durante las reuniones de Londres tomaban como base el código Cambridge, considerado como el más apto por la Football Association. Tomaban en cuenta varios aspectos del juego: las medidas del campo y de las porterías; el correspondiente sorteo al comenzar el encuentro; cuándo se considera anotado un gol y qué se hace después de que un equipo marque; los saques de banda y de meta; el fuera de juego; las marcas y el derecho a pasar el balón si se toma tras una marca, o el primer rebote y los materiales del calzado.

Las mayores novedades que el *fútbol asociación* introdujo respecto a las normas de Cambridge radicaron en que dejó de permitirse el juego brusco —hasta entonces era lícito golpear o agarrar al adversario— y el uso de las manos para trasladar o pasar el balón.

Con todo, el nuevo código no logró consolidarse como norma definitiva y universal hasta finales de la década de 1870. Fue especialmente discutido por los seguidores de las reglas de Sheffield, otro código que, a la postre, influiría decisivamente en la conformación del *fútbol asociación*.

En 1878, se dio la fusión definitiva entre las normas de Sheffield y Londres. La creación de la International Football Association Board puso fin a todas las diferencias.

Muchos de los principios que se emplean actualmente en el fútbol moderno, de hecho, provienen de las reglas de Sheffield. Por ejemplo, la utilización de un travesaño de material sólido para unir los postes verticales de la portería; los saques de esquina; los tiros libres cuando se comete una falta, y los saques de banda. También de Sheffield provienen los sistemas de desempate hoy vigentes, como la prórroga y el gol de oro, y la regulación de los primeros partidos bajo luz artificial.

LAS 17 REGLAS DEL JUEGO

Como dijimos, el primer reglamento futbolístico fue el aprobado, en 1863, por la Football Association de Inglaterra. Aquellas 13 reglas iniciales sirvieron de base para las 17 que hoy permanecen vigentes.

Éstas son las normas que, como deporte unificado, rigen la práctica del fútbol en todo el mundo. Cualquier cambio que en ellas se introduzca debe ser aprobado por la International Football Association Board, conformada a su vez por la FIFA y las cuatro asociaciones de fútbol del Reino Unido. El quórum mínimo exige, al menos, los votos de la FIFA y de dos de las cuatro asociaciones del Reino Unido.

1. Terreno de juego
2. Balón
3. Número de jugadores
4. Equipamiento de los jugadores
5. Árbitro
6. Árbitros asistentes
7. Duración del partido
8. Inicio y reanudación del juego
9. Balón en juego o fuera de juego
10. Gol marcado
11. Fuera de juego
12. Faltas e incorrecciones
13. Tiros libres
14. Tiro penal o penalti
15. Saque de banda
16. Saque de meta
17. Saque de esquina

1. Terreno de juego

SUPERFICIE DE JUEGO

Los partidos podrán jugarse en superficies naturales o artificiales, de acuerdo con el reglamento de la competición. El color de las superficies artificiales deberá ser verde. Cuando dos equipos de asociaciones afiliadas a la FIFA disputen un partido de competición sobre césped artificial, será la propia FIFA quien deba autorizarlo. A no ser que se otorgue una dispensa especial, la FIFA comprobará que dicho césped reúne los requisitos mínimos de calidad. En su caso, la FIFA también aceptará aquellos terrenos de juego que cuenten con el sello International Artificial Turf Standard.

MARCAS

El terreno de juego será rectangular y estará delimitado mediante líneas o marcas. Cada línea se considerará parte de la zona que acota. Las dos líneas de marcación más largas se denominarán líneas de banda. Las dos más cortas se llamarán líneas de meta. El terreno de juego estará dividido en dos mitades por una línea que unirá los puntos medios de ambas bandas. Esta línea media tendrá marcado un punto en su mitad: ése será el centro del campo. Alrededor del punto central se trazará un círculo cuyo radio mida 9,15 m (10 yardas).

Está permitido trazar una línea para indicar la distancia que los jugadores del equipo defensor deberán respetar cuando se saque un córner contra su portería. Dicha línea será perpendicular a la de meta y se encontrará fuera del terreno de juego, a 9,15 m del cuadrante de esquina.

DIMENSIONES

La longitud de la línea de banda deberá ser siempre superior a la de la línea de meta conforme a las siguientes medidas: deberá medir un mínimo de 90 m y un máximo de 120 m. Por su parte, la línea de meta medirá entre 45 y 90 m. Todas las líneas deberán tener el mismo grosor, nunca superior a 12 cm. Cuando se disputen partidos internacionales, estas medidas serán más estrictas. Entonces, la línea de banda deberá medir de 100 a 110 m, en tanto la línea de meta deberá tener entre 64 y 75 m.

ÁREA DE META

A 5,5 m de la parte interior de cada poste y en perpendicular a la línea de meta, se trazarán dos líneas. Éstas se adentrarán 5,5 m en el terreno de juego para unirse con una línea paralela a la de meta. El espacio situado entre las tres líneas trazadas y la de meta será denominada como el área de meta.

ÁREA PENAL

A 16,5 m de la parte interior de cada poste y en perpendicular a la línea de meta, se trazarán dos líneas. Éstas se adentrarán 16,5 m en el terreno de juego para unirse con otra línea paralela a la de meta. El espacio delimitado por las tres líneas trazadas y la de meta será el área penal. En cada área penal se marcará un punto penal. Para situarlo, se buscará el lugar equidistante entre los dos palos y, a partir de él, siguiendo una línea perpendicular imaginaria, se contarán 11 m de distancia. Fuera de cada área penal, se trazará un semicírculo cuyo centro será el punto penal y cuyo radio medirá 9,15 m.

BANDERINES

En cada esquina se colocará un poste no puntiagudo con un banderín, cuya altura mínima será de 1,5 m. También está permitido colocar banderines en cada extremo de la línea media, si bien éstos deben estar 1 m fuera de la línea de banda.

ÁREA DE ESQUINA

Tomando como centro cada banderín de esquina, se trazará un cuadrante de un metro de radio que se adentrará en el terreno de juego.

METAS

Las metas o porterías se colocarán en el centro de cada línea de meta. Consistirán en dos postes verticales, equidistantes de los banderines de esquina y unidos en la parte superior por una barra horizontal o travesaño. La distancia entre los postes será de 7,32 m, mientras que del borde inferior del travesaño al suelo habrá 2,44 m. Los postes y el travesaño tendrán la misma anchura y espesor, nunca superior a 12 cm. En cualquier caso, la línea de meta tendrá igual grosor que los postes y el travesaño. Estos últimos deberán estar fabricados de madera, metal u otro material oficialmente aprobado, y pintados de blanco. Podrán tener forma cuadrada, rectangular, redonda o elíptica, pero en ningún caso deberán constituir un peligro para los futbolistas. La normativa permite colgar redes en el fondo de la portería, a condición de que permanezcan bien sujetas y no estorben al guardameta.

SEGURIDAD

Los postes deberán quedar anclados al suelo firmemente. Se admite el uso de porterías portátiles siempre que éstas cumplan dicho requisito indispensable.

LÍNEA DE META · POSTE DEL BANDERÍN DE ESQUINA (obligatorio) · ÁREA DE META · PUNTO DE PENAL · SEMICÍRCULO PENAL · LÍNEA DE BANDA · POSTE DE BANDERÍN (opcional) · CÍRCULO CENTRAL · LÍNEA MEDIA · PUNTO CENTRAL · LÍNEA DE BANDA · MARCA (opcional) · ÁREA PENAL · MARCA (opcional) · LÍNEA DE META · CUADRANTE DE ESQUINA

2. Balón

CARACTERÍSTICAS Y MEDIDAS

El balón, como instrumento básico del juego, debe reunir los siguientes requisitos:

• Ser esférico.

• Estar fabricado con cuero o con cualquier otro material oficialmente admitido.

• Tener una circunferencia de entre 68 y 70 cm.

• No pesar, al momento de iniciarse el partido, más de 450 g ni menos de 410 g.

• Estar hinchado de aire con una presión situada en el intervalo entre 0,6 y 1,1 atmósferas (600-1100 g/cm^2), tomando como lugar de referencia el nivel del mar.

REEMPLAZO DE UN BALÓN DEFECTUOSO

Durante el partido, sólo el árbitro puede autorizar un cambio de balón. Si por circunstancias del juego, el balón explotara o se dañara, el árbitro interrumpiría el juego de inmediato para sustituirlo por un balón de reserva. El encuentro se reanudará dejando caer el nuevo esférico a tierra en el mismo sitio donde se dañó el primer balón. Sin embargo, el reglamento contempla una excepción: si el juego fuera interrumpido dentro del área de meta, el árbitro lo reanudaría dejando caer el balón sobre la frontal del área de meta, en el punto más cercano al lugar donde el balón se encontraba cuando el juego fue suspendido. Por último, si el balón explota o se daña no estando en juego (durante un saque inicial, saque de meta, saque de esquina, tiro libre, tiro penal o saque de banda), el partido se reanudará conforme a las reglas preestablecidas.

DECISIÓN I

Para que la FIFA o sus confederaciones asociadas autoricen el empleo de un balón en los torneos bajo su tutela, éste deberá incluir uno de estos tres logotipos:

• Sello oficial «FIFA approved».

• Sello oficial «FIFA inspected».

• Sello oficial «International Matchball Standard».

DECISIÓN II

Asimismo, y siempre para partidos disputados oficialmente bajo los auspicios de la FIFA o de sus asociados, queda prohibido inscribir cualquier publicidad comercial en el balón. Como excepción, la pelota sólo podrá incluir el emblema de la competición, su organizador, y la marca registrada del fabricante del balón. Ahora bien, el reglamento de la competición puede restringir el tamaño y el número de dichas marcas en tanto lo considere oportuno.

3. Número de jugadores

JUGADORES

El partido será disputado por dos equipos formados por un máximo de once jugadores, de los cuales uno jugará como guardameta. El partido no comenzará si uno de los equipos tiene menos de siete jugadores.

COMPETICIONES OFICIALES

Será posible utilizar, como máximo, tres sustitutos en cualquier partido de una competición oficial bajo los auspicios de la FIFA, las confederaciones o las asociaciones miembro. El reglamento de la competición deberá estipular cuántos sustitutos podrán ser convocados por el entrenador para un partido, desde tres hasta un máximo de siete.

OTROS PARTIDOS

En los partidos de selecciones nacionales «A», el entrenador podrá convocar un máximo de seis sustitutos. En todos los demás partidos, será posible convocar un número mayor de sustitutos, siempre que:

• Los equipos en cuestión lleguen a un acuerdo sobre el número máximo.
• Se haya informado de ello al árbitro antes del comienzo del partido.

Si el árbitro no ha sido informado, o no se ha llegado a un acuerdo antes del inicio del partido, no se permitirán más de seis sustitutos.

TODOS LOS PARTIDOS

Antes del comienzo del encuentro, el árbitro debe contar con una lista donde figuren los nombres de los jugadores titulares y de los sustitutos. Todo sustituto cuyo nombre no se facilite al árbitro antes de comenzar el partido, no podrá participar en éste de ninguna manera.

4. Equipamiento de los jugadores

SEGURIDAD

Los jugadores no utilizarán ningún equipamiento ni llevarán ningún objeto que sea peligroso para ellos mismos o para el resto de jugadores. Esta norma impide jugar con cualquier tipo de joya.

EQUIPAMIENTO BÁSICO

El equipamiento básico de todo jugador se compone, obligatoriamente, de:
• Un jersey o camiseta: si se usan prendas interiores, sus mangas deberán tener el color principal de las mangas del jersey o camiseta.
• Pantalones cortos: si se usan pantalones cortos interiores, éstos deberán tener el color principal de los pantalones cortos.
• Medias.
• Canilleras o espinilleras.
• Calzado.

COLORES

Los dos equipos en disputa vestirán colores que los diferencien entre sí. Al mismo tiempo, su atuendo deberá distinguirse de aquel que usen el árbitro y sus asistentes. Cada guardameta vestirá colores que lo diferencien del resto de jugadores, del árbitro y de sus asistentes.

DECISIÓN 1

Los jugadores no deberán mostrar al público ropa interior que contenga lemas o publicidad. Su equipamiento básico obligatorio no deberá reflejar mensajes políticos, religiosos o personales. En caso de que cualquiera de estas dos normas sean contravenidas, el organizador de la competición sancionará la infracción. Si un jugador, por iniciativa propia, se levanta o se quita la camiseta, será castigado individualmente. En cambio, si el mensaje improcedente se inscribe en el equipamiento básico de un jugador, la sanción recaerá en el club como responsable por no haberlo evitado.

• JERSEY O CAMISETA

• PANTALÓN CORTO

• MEDIAS

• ESPINILLERAS

• CALZADO

5. Árbitro

AUTORIDAD DEL ÁRBITRO

El árbitro dirige y controla todo lo que sucede en un partido de fútbol y tiene, por tanto, plena potestad para hacer cumplir las reglas del juego.

PODERES Y DEBERES

Entre otras misiones, el árbitro se encarga de:
- Hacer cumplir las reglas de juego.
- Controlar el partido contando, para ello, con la ayuda de los árbitros asistentes y, siempre que el caso lo requiera, con el cuarto árbitro.
- Comprobar que los balones utilizados se adecúan a las exigencias de la regla 2.
- Comprobar que el equipamiento de los jugadores cumple las exigencias de la regla 4.
- Cronometrar el encuentro y tomar nota de cada uno de los incidentes del juego.
- Interrumpir, suspender o abandonar el partido cuando lo juzgue oportuno, en caso de que se violen las reglas de juego.
- Interrumpir, suspender o abandonar el partido por cualquier tipo de interferencia externa.
- Interrumpir el juego si juzga que algún futbolista ha sufrido una lesión grave. Entonces, se asegurará de que sea llevado fuera del terreno de juego para que reciba asistencia médica. Un jugador lesionado sólo podrá regresar a la cancha tras reanudarse el partido. En caso de que el árbitro se percate de que un futbolista se ha lesionado levemente, dejará que el juego siga hasta que la pelota salga fuera.
- Impedir que un jugador siga en el césped cuando sufra una herida o cualquier hemorragia. Este futbolista sólo podrá reingresar al juego si el árbitro lo aprueba, luego de cerciorarse éste de que la hemorragia ha cesado.
- Castigar la infracción más grave, en caso de que un jugador cometa más de una al mismo tiempo.
- Impedir que personas no autorizadas entren en el terreno de juego.
- Reanudar el partido tras una interrupción.

6. Arbitros asistentes

DEBERES

Aunque su presencia no es obligatoria, el árbitro podrá contar con la ayuda de dos árbitros asistentes. Éstos tendrán la misión de indicar, siempre bajo reserva de lo que decida el árbitro, las siguientes situaciones:

• Si el balón ha salido completamente del terreno de juego.

• A qué equipo corresponde efectuar el saque de esquina, de meta o de banda.

• Cuándo se debe sancionar a un jugador por estar en posición de fuera de juego.

• Cuándo un equipo solicita sustituir a un jugador.

• Cuándo ocurre alguna infracción u otro incidente que el árbitro no ha podido ver o que el asistente ha podido apreciar mejor (quedan comprendidas, en determinadas circunstancias, infracciones que se cometen en el área penal).

• Si, cuando se tira un penalti, el guardameta se aparta de la línea de meta antes de que se patee la pelota.

• Si el balón ha cruzado la línea de meta.

ASISTENCIA

Del mismo modo, los árbitros asistentes ayudarán al árbitro principal a dirigir el juego conforme a las reglas FIFA.

En particular, podrán entrar en el terreno de juego para ayudar a controlar que se respeta la distancia de 9,15 m en el saque de una falta o de un córner. En caso de intervención indebida o conducta incorrecta de un árbitro asistente, el árbitro principal prescindirá de sus servicios y elaborará un informe dirigido a las autoridades pertinentes.

7. Duración del partido

PERIODOS DE JUEGO

El partido durará dos tiempos iguales de 45 minutos cada uno, salvo que, por mutuo acuerdo entre el árbitro y los dos equipos participantes, se convenga otra cosa.

Todo acuerdo que altere los periodos de juego —por ejemplo, reducir cada tiempo a 40 minutos porque anochece y la iluminación es insuficiente— deberá haber sido alcanzado antes de comenzar el partido y conforme al reglamento de la competición.

INTERVALO DEL MEDIO TIEMPO

Los jugadores tienen derecho a un descanso entre un tiempo de juego y otro. El descanso del medio tiempo no debe durar más de quince minutos. Cada competición debe estipular claramente en su reglamento la duración de este descanso. Iniciado el encuentro, sólo el árbitro podrá autorizar que se altere dicha duración.

RECUPERACIÓN DE TIEMPO PERDIDO

El árbitro, según su criterio, alargará cada periodo de juego para recuperar el tiempo perdido por:
• Sustitución de futbolistas.
• Evaluación de lesiones.
• Transporte de los jugadores lesionados fuera del terreno de juego para que sean atendidos.
• Cualquier otro motivo.

TIRO PENAL

Cuando el árbitro pite un penalti con el tiempo a punto de agotarse, deberá prolongar el periodo de juego todo lo necesario para que dicho penalti se ejecute o, llegado el caso, se repita.

PARTIDO SUSPENDIDO

Si un partido es suspendido antes de que su cumpla el tiempo de juego, ambos equipos deberán disputar los minutos restantes en el momento en que se reanude (a menos que el reglamento de la competición estipule otro procedimiento).

8. Inicio y reanudación del juego

INTRODUCCIÓN

El árbitro lanzará una moneda al aire para el sorteo de campos. El equipo favorecido por la fortuna decidirá qué portería atacar durante el primer tiempo del partido. El otro equipo iniciará el juego sacando desde el centro del campo. Llegado el segundo tiempo, los equipos cambiarán de campo y atacarán en la dirección opuesta. El conjunto que todavía no sacó del centro lo hará entonces.

SAQUE DE SALIDA

El saque de salida es una forma de iniciar o reanudar el juego. Se efectúa:
• Al comenzar el partido.
• Al marcarse un gol.
• Al comenzar el segundo tiempo.
• Al comenzar cada uno de los dos tiempos suplementarios (en caso de prórroga).

Después de que un equipo marque un gol, su rival procederá a efectuar el saque de salida. Hay que recordar que está permitido marcar gol disparando directamente desde el punto central.

Cuando se vaya a efectuar el saque de salida:
• Los jugadores deberán encontrarse en la mitad del campo adjudicada a su equipo.
• Los rivales del equipo que haga el saque deberán estar, como mínimo, a 9,15 m del balón.
• El balón se hallará inmóvil en el punto central.
• Los jugadores no pondrán el balón en juego hasta que el árbitro dé la señal.
• Se considerará que el balón está en juego desde que sea pateado y se mueva hacia adelante.
• El ejecutor del saque no podrá jugar el balón de nuevo hasta que lo haya tocado otro jugador.

BALÓN A TIERRA O BOTE NEUTRAL

Se recurre a él después de una interrupción temporal necesaria, debida a cualquier incidente no recogido en las reglas. El árbitro dejará caer el balón allí donde se hallaba cuando fue interrumpido el juego. En el instante en que el balón toque el suelo, el partido se dará por reanudado. Se volverá a dejar caer el balón:
• Si un jugador lo toca antes de llegar el suelo.
• Si tras tocar el suelo, el balón sale del terreno de juego sin haber sido tocado por nadie.

EQUIPO VISITANTE   ÁRBITROS   EQUIPO LOCAL

9. Balón en juego o fuera de juego

BALÓN EN JUEGO
Efectuado el saque inicial o reanudado el partido, el balón seguirá en juego incluso cuando:
• Rebote en los postes, travesaños o postes de esquina y permanezca en el terreno de juego.
• Rebote en el árbitro o los árbitros asistentes sin salir del terreno de juego.

BALÓN FUERA DE JUEGO
El balón se considerará fuera de juego cuando:
• Cruce completamente una línea de banda o de meta, ya sea a ras de tierra o por el aire.
• El árbitro interrumpa el partido.

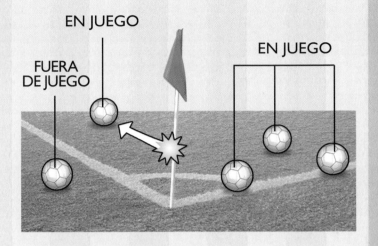

10. Gol marcado

Un equipo habrá marcado un gol cuando el balón atraviese completamente la línea de meta rival, entre los postes y por debajo del travesaño, siempre que no haya infringido previamente las reglas de juego.

EQUIPO GANADOR
Un equipo habrá ganado el partido cuando, a su conclusión, haya marcado más goles que su oponente. Si ambos equipos han marcado el mismo número de goles, o no marcaron ninguno, el partido terminará en empate.

REGLAMENTOS DE COMPETICIÓN
Si en una competición cuyo reglamento establece que debe haber un equipo ganador, el partido o eliminatoria acaba en empate, se desempatará mediante estos procedimientos (aprobados por el International Football Association Board):

• Regla de los goles marcados fuera de casa.
• Tiempo suplementario o prórroga.
• Tiros desde el punto penal (tanda de penaltis).

11. Fuera de juego

Se considera que un jugador está en posición de fuera de juego cuando se encuentra más cerca de la línea de meta contraria que el balón y el penúltimo adversario.

Aunque se halle por delante del balón, un futbolista nunca incurrirá en fuera de juego:
• Si se encuentra en su propia mitad de campo.
• Si está en línea con el penúltimo adversario o a la misma altura que los dos últimos adversarios.

INFRACCIÓN
La posición de fuera de juego no constituye una infracción en sí. Un jugador en posición de fuera de juego solamente será sancionado si, a juicio del árbitro, está implicado en el juego activo cuando uno de sus compañeros toca la pelota.

Para ello, el árbitro debe tener en cuenta si el jugador gana alguna ventaja de dicha posición, bien porque interfiere en el juego directamente, o porque obstaculiza a algún rival.

NO ES INFRACCIÓN
Nunca existirá infracción de fuera de juego si el jugador recibe el balón directamente de:
• Un saque de portería.
• Un saque de banda.
• Un saque de esquina.

INFRACCIONES Y SANCIONES
Cuando el fuera de juego venga acompañado de infracción, el árbitro deberá otorgar un tiro libre indirecto al equipo defensor, que será lanzado desde el lugar donde se cometió la infracción.

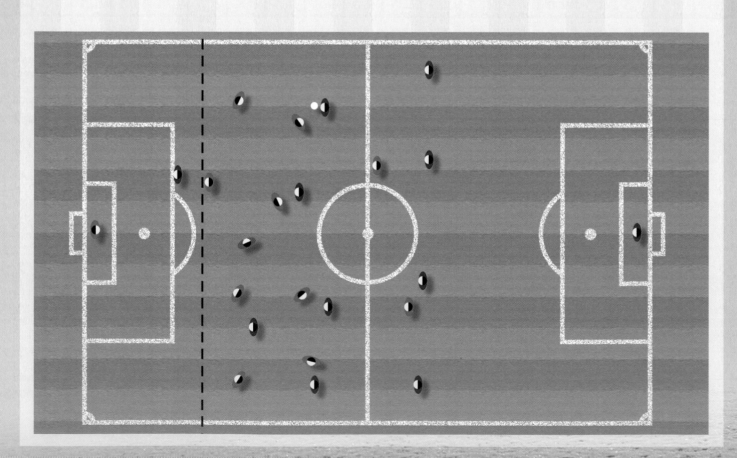

12. Faltas e incorrecciones

Las faltas e incorrecciones se sancionarán mediante tiro libre directo, tiro penal o tiro libre indirecto en favor del equipo ofendido. Independientemente de ello, el jugador que cometa la infracción podrá recibir sanciones disciplinarias como las tarjetas amarilla y roja.

TIRO LIBRE DIRECTO

Si un jugador abusa de la fuerza o se comporta de forma imprudente y temeraria, el árbitro detendrá el juego y otorgará un tiro directo a su rival. Es siempre falta sancionada con libre directo:

- Dar o intentar dar una patada a un adversario.
- Zancadillear al adversario o intentarlo.
- Saltar sobre un adversario.
- Cargar de forma excesiva sobre un adversario.
- Golpear o intentar golpear a un adversario.
- Empujar a un adversario.

Además, el árbitro debe juzgar si un jugador ha cometido o no alguna de estas infracciones, también sancionadas con libre directo:

- Hacer una entrada a un adversario para ganar la posesión del balón, tocándole antes que al balón.
- Sujetar a un adversario.
- Escupir a un adversario.
- Tocar el balón deliberadamente con las manos (se exceptúa al guardameta dentro de su propia área de penal).

TIRO PENAL

Se concederá un tiro penal si un jugador comete una de las diez infracciones anteriormente mencionadas dentro de su propia área de penalti. En este caso en concreto, da lo mismo cuál era la posición del balón, siempre que éste estuviera en juego.

TIRO LIBRE INDIRECTO

Se concederá un tiro libre indirecto al equipo adversario si un guardameta comete una de las siguientes cuatro infracciones dentro de su propia área penal:

• Tarda más de seis segundos en poner el balón en juego, después de haberlo controlado con sus manos.

• Toca otra vez el balón con las manos, después de haberlo puesto en juego y sin que ningún otro jugador lo haya tocado.

• Toca el balón con las manos después de que un jugador de su equipo se lo cediera con el pie.

• Toca el balón con las manos tras recibirlo directamente de un saque de banda efectuado por un compañero.

Asimismo, se otorgará un tiro libre indirecto al equipo adversario si, en opinión del árbitro, un jugador:

• Juega de forma peligrosa.

• Obstaculiza el avance de un adversario.

• Impide que el guardameta pueda sacar el balón con las manos.

• Comete cualquier otra infracción que no haya sido antes mencionada en la regla 12, por la cual el juego sea interrumpido para amonestar o expulsar a un jugador.

Un tiro libre indirecto, al igual que un libre directo, se lanzará desde el lugar donde se cometió la infracción (ver regla 13).

SANCIONES DISCIPLINARIAS

Desde el momento en que ingresa en el terreno de juego hasta que pita el final del partido, el árbitro posee plena autoridad para adoptar cualquier medida disciplinaria.

El árbitro utiliza la tarjeta amarilla para comunicar a un jugador que ha sido amonestado, y emplea la tarjeta roja para expulsarlo. Dichas tarjetas pueden ser mostradas a los jugadores que están en el césped, y a sus sustitutos que aguardan en el banquillo.

Todo futbolista será castigado conforme a la naturaleza de la infracción que cometa, se produzca ésta dentro o fuera del terreno de juego, y se dirija contra un rival, un compañero, el árbitro, un árbitro asistente u otra persona.

INFRACCIONES SANCIONABLES MEDIANTE AMONESTACIÓN

Un jugador será amonestado con tarjeta amarilla, si comete una de las siguientes siete infracciones:

• Incurrir en conducta antideportiva.

• Desaprobar con palabras o acciones la labor del árbitro que dirige el encuentro.

• Infringir repetidamente las reglas de juego.

• Retardar la reanudación del juego.

• No respetar la distancia reglamentaria en un saque de esquina, tiro libre o saque de banda.

• Entrar en el campo sin el permiso del árbitro.

• Abandonar deliberadamente el terreno de juego sin el permiso del árbitro.

El árbitro podrá amonestar también a un jugador que está siendo sustituido, o a aquel que lo sustituye, cuando juzgue que su conducta es antideportiva, desapruebe las decisiones arbitrales con palabras y gestos, o pierda tiempo deliberadamente.

INFRACCIONES SANCIONABLES MEDIANTE EXPULSIÓN

El árbitro expulsará a aquel jugador que cometa una de las siguientes siete infracciones:

• Jugar bruscamente.

• Comportarse con violencia.

• Escupir a un adversario o a cualquier otra persona.

• Impedir un gol o malograr una oportunidad manifiesta de gol utilizando, de manera intencionada, sus manos (esto no rige para el guardameta dentro de su propia área de penalti).

• Malograr una oportunidad manifiesta de gol al cometer falta o penalti sobre un rival que avanza hacia la portería.

• Emplear lenguaje ofensivo, grosero u obsceno, o gestos de la misma naturaleza.

• Recibir dos amonestaciones en el mismo partido.

Si la expulsión recae sobre un sustituto o sobre un jugador ya sustituido, éste deberá abandonar inmediatamente los alrededores del terreno de juego y el área técnica.

13. Tiros libres

Como se ha explicado antes, los tiros libres pueden ser directos o indirectos.

TIRO LIBRE DIRECTO

Si un tiro libre directo entra en la meta contraria, se concederá el gol. En cambio, si un tiro libre directo entra en la propia meta, se concederá al equipo rival un saque de esquina.

TIRO LIBRE INDIRECTO

Para indicar un tiro libre indirecto, el árbitro levantará el brazo por encima de su cabeza. Mantendrá su brazo en dicha posición hasta que el tiro haya sido ejecutado y el balón haya tocado en otro jugador o esté fuera de la cancha.

Si un tiro libre indirecto entra en la meta contraria, no podrá ser considerado gol, a no ser que el balón toque antes en otro jugador. En caso de que el balón entre en la portería al sacarse un libre indirecto, el árbitro concederá saque de meta. En cambio, si un tiro libre indirecto entra directamente en la propia portería, se concederá un saque de esquina al equipo contrario.

PROCEDIMIENTO

Tanto para tirar un libre directo como para disparar un libre indirecto, el balón deberá estar inmóvil en el césped. Asimismo, el ejecutor del lanzamiento no podrá volver a jugar el balón antes de que otro futbolista lo haya tocado.

TIROS LIBRES DENTRO DEL ÁREA PENAL

Si el tiro libre favorece al equipo defensor:
• Ningún jugador rival podrá estar a menos de 9,15 m de la pelota.
• Todos los rivales deberán permanecer fuera del área penal hasta que el balón esté en juego.

• El balón entrará en juego en cuanto haya sido pateado directamente fuera del área penal.
• El equipo defensor podrá lanzar el tiro libre desde cualquier punto de su área de meta.

Si un tiro libre indirecto favorece al equipo atacante, y éste debe lanzarlo desde dentro del área de meta rival:
• Los rivales no podrán situarse a menos de 9,15 m de la pelota hasta que ésta entre en juego, excepto si no pueden retroceder más al hallarse ya pisando su propia línea de meta entre ambos postes.
• El balón entrará en juego en el momento en que sea pateado y se ponga en movimiento.
• El tiro libre indirecto se lanzará desde la línea frontal del área de meta, en el punto más cercano al lugar donde se cometió la infracción.

Si un defensor incurre, dentro de su área penal, en una infracción sancionada con tiro libre directo, el equipo atacante lanzará un tiro penal (ver regla 14) desde el punto de penalti, independientemente de en qué lugar del área penal se cometiera la falta.

TIROS LIBRES FUERA DEL ÁREA PENAL

Favorezca a uno u otro equipo, el lanzamiento de tiros libres fuera del área penal seguirá este procedimiento:
• Todos los rivales deberán estar, como mínimo, a 9,15 m del balón hasta el momento en que éste entre en juego.
• El balón entrará en juego en el momento en que sea pateado y se ponga en movimiento.
• El tiro libre se lanzará desde el lugar donde se cometió la infracción, o desde el lugar donde se hallaba el balón cuando se cometió la infracción.

INFRACCIONES Y SANCIONES

Debe repetirse el tiro libre cuando:

• Al ejecutarlo, un adversario no respete la distancia mínima reglamentaria a la pelota.

• Al lanzarlo el equipo defensor desde su propia área, no logre sacar el balón de ella.

Si tras lanzar el libre directo, un jugador vuelve a tocar el balón antes de que lo haga otro futbolista, el árbitro concederá un tiro libre indirecto al equipo rival en ese mismo lugar. Si el mismo jugador toca la pelota con las manos, el árbitro lo sancionará con un tiro libre directo, y si lo hace dentro de su área, el árbitro pitará penalti.

Si quien lanza el tiro libre es el guardameta, y toca la pelota de nuevo antes de que lo haga otro futbolista, el árbitro concederá un tiro libre indirecto al equipo adversario en ese mismo lugar. Si el guardameta lanza el tiro libre y, antes de que otro jugador contacte con la bola, vuelve él a tocarla y además lo hace con las manos:

• Si la infracción ocurrió fuera de su área penal, se concederá un tiro libre directo al equipo contrario.

• Si la infracción ocurrió dentro de su área penal, se concederá un tiro libre indirecto al equipo contrario.

14. Tiro penal o penalti

Si, con el balón en juego y dentro de su propia área penal, un equipo comete una de las diez infracciones que entrañan un tiro libre directo, el árbitro concederá un tiro penal al equipo rival. Éste podrá marcar gol directamente de penalti.

Si dicho tiro penal se pita al concluir uno de los tiempos reglamentarios, el árbitro no decretará el final del periodo hasta que la pena se ejecute.

POSICIÓN DEL BALÓN Y LOS JUGADORES
• El balón deberá colocarse en el punto penal.
• El equipo favorecido por la pena máxima deberá identificar al ejecutor del penalti.
• El guardameta defensor deberá permanecer sobre su propia línea de meta, entre los postes, hasta que el ejecutor toque el balón.
• El resto de jugadores deberán permanecer fuera del área penal y detrás del punto de penalti, a una distancia mínima de 9,15 m respecto a éste (por tanto, fuera de la media luna del área, que sirve precisamente para marcar esa distancia).

PROCEDIMIENTO
A continuación se detalla el protocolo que se debe seguir en la ejecución de un tiro penal:
• El árbitro comprobará que cada jugador haya ocupado su posición, conforme a la regla, antes de dar la señal para que se ejecute el penalti.
• El ejecutor del tiro penal pateará el balón hacia delante y no podrá volver a tocarlo hasta que otro jugador contacte con la pelota.
• El árbitro decidirá cuándo se ha completado un tiro penal. Concederá gol siempre que el balón entre en la portería, incluso si antes de hacerlo toca en uno o ambos postes, el travesaño o el guardameta.

INFRACCIONES Y SANCIONES
Si el árbitro ordena que se lance el tiro penal y, antes de ello, cualquier futbolista infringe las reglas de juego, el árbitro siempre permitirá que el disparo se ejecute.

Ahora bien, si el infractor es el jugador que ejecuta el penalti, o un futbolista de su mismo equipo, el árbitro:
• Mandará repetir el tiro, en caso de que el balón entre en la portería.
• Reanudará el partido con un tiro libre indirecto a favor del equipo defensor, en caso de que el ejecutor falle el penalti.

En cambio, si el infractor es el guardameta o un futbolista del equipo defensor, el árbitro:
• Concederá gol, en caso de que el balón entre.
• Ordenará que se repita el tiro, en caso de que el balón no entre en la meta.

Si un jugador del equipo defensor y otro del equipo atacante infringen simultáneamente las reglas de juego, el árbitro ordenará invariablemente que se repita el lanzamiento.

Si tras lanzar el penalti, su ejecutor vuelve a tocar el balón antes de que lo haga otro futbolista, el árbitro concederá un tiro libre indirecto al equipo rival desde ese mismo lugar. Si el mismo jugador toca la pelota con las manos, el árbitro lo sancionará con un tiro libre directo. Si cuando el lanzador lo impulsa hacia delante, el balón toca cualquier otro objeto, el árbitro ordenará que se repita el tiro penal.

Si el balón rebota en el guardameta, el travesaño o los postes y, regresando al terreno de juego, toca otro objeto, el árbitro interrumpirá el juego y lo reanudará con un balón a tierra allí donde la pelota contactó con el objeto. Excepción: si el balón toca el objeto dentro del área de meta, el árbitro dejará caer el balón en la frontal del área de meta, en el punto más cercano al sitio donde el balón se hallaba cuando el juego fue interrumpido.

15. Saque de banda

El saque de banda es una forma de reanudar el juego cuando, a ras de suelo o por el aire, la pelota rebasa la línea de banda y sale de la cancha. Se concede a los adversarios del último jugador que tocó el balón antes de que la pelota saliera. No se podrá anotar un gol directamente de saque de banda.

PROCEDIMIENTO

En el momento de sacar de banda, el lanzador de la pelota deberá:
- Estar de frente al terreno de juego.
- Pisar la línea de banda con, al menos, una parte de ambos pies o tenerlos fuera de ella.
- Servirse de ambas manos para mover el balón.
- Lanzar el balón desde atrás y hacerlo por encima de su cabeza.
- Lanzar el balón desde el punto de la línea de banda por donde salió la bola.

Ningún rival podrá obstaculizar el saque de banda situándose a menos de dos metros del lugar en que éste se ejecute. Se considerará que el balón está en juego tan pronto como haya entrado en el campo. El ejecutor del saque no podrá jugar el balón hasta que lo toque otro futbolista.

INFRACCIONES Y SANCIONES

Si, tras sacar de banda, un jugador vuelve a tocar el balón antes de que lo haga otro futbolista, el árbitro concederá un tiro libre indirecto al equipo rival en ese mismo lugar. Si tras sacar, el mismo jugador toca la pelota con las manos antes de que lo haga otro futbolista, el árbitro lo sancionará con un tiro libre directo. Si comete esa misma infracción dentro de su propia área de penal, el árbitro pitará penalti.

Si quien saca de banda es el guardameta, y toca la pelota de nuevo antes de que lo haga otro futbolista, el árbitro concederá un tiro libre indirecto al equipo adversario en ese mismo lugar.

Si el guardameta saca de banda y, antes de que otro jugador contacte con la bola, vuelve él a tocarla y además lo hace con las manos:
- Si la infracción ocurrió fuera de su área penal, se concederá un tiro libre directo al equipo contrario allí donde se cometió.
- Si la infracción ocurrió dentro de su área penal, se concederá un tiro libre indirecto al equipo contrario allí donde se cometió.

Si un adversario distrae o estorba de forma incorrecta el saque de banda, será amonestado por conducta antideportiva.

Si quien saca de banda lo hace de modo incorrecto, el saque pasará a corresponder al equipo contrario.

No está permitido marcar gol directamente de saque de banda.
Quien saca de banda no podrá volver a jugar el balón, hasta que no haya sido tocado por otro jugador.

16. Saque de meta

El saque de meta es una forma de reanudar el juego cuando, a ras de césped o por el aire, la pelota rebasa completamente la línea de meta y sale de la cancha impulsada por un jugador del equipo atacante. Esta regla, claro está, no incluye los casos en que la pelota rebasa la raya de gol (ver regla 10).

Está permitido anotar gol directamente de saque de meta, pero nunca en propia puerta.

PROCEDIMIENTO
A continuación se detalla el protocolo que se debe seguir cuando se saca de meta:
• Un jugador del equipo defensor patea el balón desde cualquier punto del área de meta.

• Los jugadores rivales deben permanecer fuera del área penal hasta que el balón entre en juego.
• El ejecutor del saque no podrá jugar el balón hasta que otro futbolista toque la pelota.
• El balón estará en juego apenas haya sido impulsado directamente fuera del área penal.

INFRACCIONES Y SANCIONES
El árbitro ordenará repetir el saque de meta si, tras golpearlo, su ejecutor no logra sacar el balón del área penal:

Si tras sacar de meta un jugador, vuelve a tocar el balón antes de que lo haga otro futbolista, el árbitro concederá un tiro libre indirecto al equipo rival en ese mismo lugar.

Si tras sacar, el mismo jugador toca la pelota con las manos antes de que lo haga otro futbolista, el árbitro lo sancionará con un tiro libre directo. Si comete esa misma infracción dentro de su propia área de penal, el árbitro pitará penalti.

Si quien saca de meta es el guardameta, y toca la pelota de nuevo antes de que lo haga otro futbolista, el árbitro concederá un tiro libre indirecto al equipo adversario en ese mismo lugar. Si el guardameta saca de meta y, antes de

que otro jugador contacte con la bola, vuelve él a tocarla y además lo hace con las manos:

• Si la infracción ocurrió fuera de su área penal, se concederá un tiro libre directo al equipo contrario allí donde se cometió.

• Si la infracción ocurrió dentro de su área penal, se concederá un tiro libre indirecto al equipo contrario allí donde se cometió.

Para cualquier otra infracción de esta regla, el árbitro ordenará repetir el saque de meta.

17. Saque de esquina

El saque de esquina es una forma de reanudar el juego cuando, a ras de césped o por el aire, la pelota rebasa completamente la línea de meta y sale de la cancha impulsada por un jugador del equipo defensor. Esta regla, claro está, no incluye los casos en que la pelota rebasa la raya de gol (ver regla 10).

Está permitido anotar gol directamente de saque de esquina, pero nunca en propia puerta.

PROCEDIMIENTO
A continuación se detalla el protocolo que se debe seguir cuando se saca de esquina:

• La pelota se coloca en el interior del cuadrante del banderín de esquina más cercano al punto en que atravesó la línea de meta.
• No está permitido quitar el poste del banderín.
• Los defensores deben permanecer a un mínimo de 9,15 m del área de esquina hasta que el balón entre en juego (según se apuntó en la regla 1, en algunos campos se hace una marca perpendicular a la línea de meta y a 9,15 m del banderín, para que los defensores sepan dónde deben colocarse).
• Un jugador del equipo atacante pateará la bola.
• El balón estará en juego desde el momento en que sea tocado y se ponga en movimiento.
• El ejecutor del saque no podrá jugar el balón hasta que otro futbolista toque la pelota.

INFRACCIONES Y SANCIONES

Si tras sacar de esquina, un jugador vuelve a tocar el balón antes de que lo haga otro futbolista, el árbitro concederá un tiro libre indirecto al equipo rival en ese mismo lugar.

Si tras sacar, el mismo jugador toca la pelota con las manos antes de que lo haga otro futbolista, el árbitro lo sancionará con un tiro libre directo. Si comete esa misma infracción dentro de su propia área de penal, el árbitro pitará penalti.

Si quien saca de esquina es el guardameta, y toca la pelota de nuevo antes de que lo haga otro futbolista, el árbitro concederá un tiro libre indirecto al equipo adversario en ese mismo lugar.

Si el guardameta saca de esquina y, antes de que otro jugador contacte con la bola, vuelve él a tocarla y además lo hace con las manos:

• Si la infracción ocurrió fuera de su área penal, se concederá un tiro libre directo al equipo contrario allí donde se cometió.

• Si la infracción ocurrió dentro de su área penal, se concederá un tiro libre indirecto al equipo contrario allí donde se cometió.

En caso de que se produjera cualquier otra infracción de esta regla, el árbitro ordenaría repetir el saque de esquina.

Anexo. Procedimientos para determinar el ganador de un partido o eliminatoria

El reglamento de toda competición deberá incluir expresamente el método al cual se recurrirá en caso de empate entre los equipos. Para los casos en que el reglamento de un torneo exija un ganador único, la FIFA ha aprobado tres métodos de desempate:

• Los goles marcados fuera de casa.
• El tiempo suplementario o prórroga.
• Los tiros desde el punto penal o tanda de penaltis.

GOLES FUERA DE CASA

Si el torneo contempla que los equipos se enfrenten dos veces –en partidos de ida y vuelta– y, tras el segundo encuentro, el resultado sigue empatado, cada gol que un equipo haya marcado en el campo de su rival valdrá el doble.

TIEMPO SUPLEMENTARIO

Si, al final del encuentro, el resultado es de empate, se disputarán dos tiempos adicionales (prórrogas) de no más de 15 minutos cada uno (conforme a la regla 8).

TIROS DESDE EL PUNTO DE PENAL

Cuando se lancen los tiros de penal, a menos que se estipule otra cosa, se aplicarán las reglas de juego y decisiones del International Football Association Board. Éste será el procedimiento de la tanda de penaltis:

• El árbitro elige la meta donde se tirarán todos los penaltis.
• El árbitro lanza una moneda y el equipo cuyo capitán resulte favorecido decide si prefiere comenzar disparando o que lo haga antes su rival.

• El árbitro va anotando los tiros lanzados.

• Conforme a las condiciones que se verán, cada equipo lanzará cinco disparos, alternándose los de uno con los del otro.

• Si, antes de agotarse los cinco disparos, uno de los equipos ha marcado más goles que los que el otro pueda anotar acertando todos los tiros que le faltan, la tanda se dará por terminada.

• Si, tras ejecutar sus cinco tiros, ambos equipos han marcado la misma cantidad de goles, la tanda de disparos deberá continuar en el mismo orden hasta que un equipo marque y el otro no.

• Si un guardameta se lesiona durante la tanda de penaltis y no puede seguir jugando, podrá ser sustituido por un suplente siempre que su equipo no haya agotado el número máximo de cambios permitidos por el reglamento de la competición.

• Con excepción del caso mencionado, sólo los jugadores que se encuentren en el terreno de juego al final del partido serán elegibles para participar en la tanda de penaltis.

• Cada tiro de penal debe ser ejecutado por un jugador diferente. Para que un mismo futbolista pueda ejecutar un segundo disparo, todos sus compañeros elegibles deben haber lanzado antes.

• Cualquier jugador elegible podrá cambiar su puesto con el guardameta, en todo momento, durante la tanda de penaltis.

• Única y exclusivamente los jugadores elegibles y los árbitros podrán encontrarse dentro del terreno de juego.

• Sólo el jugador que vaya a ejecutar el penal y los dos porteros podrán permanecer fuera del círculo central mientras se desarrolle la tanda.

• Cuando un jugador dispare su penalti, el portero de su equipo deberá estar fuera del área penal, junto a la intersección del lateral de ésta con la línea de meta.

• Si al finalizar el partido, y antes de comenzar la ejecución de los tiros de penal, un equipo tiene más jugadores que el otro, deberá reducir su número para equipararse al de su rival. Será entonces el capitán del equipo quien deba comunicar al árbitro el nombre y el número de cada jugador excluido.

• Antes de comenzar con el lanzamiento de penaltis, el árbitro se asegurará de que cada equipo cuente con el mismo número de jugadores, dentro del círculo central, para realizar los disparos.

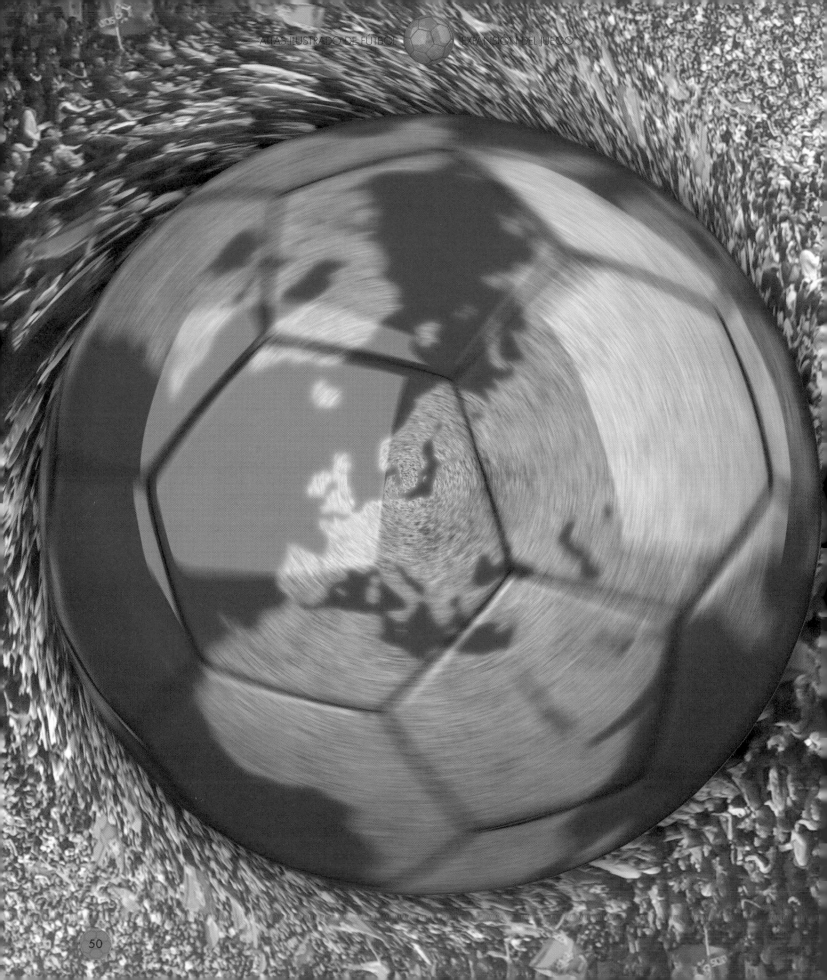

EXPANSIÓN DEL JUEGO

El 30 de noviembre de 1872, en una cancha de críquet empapada por la lluvia, se jugó el primer encuentro internacional de la historia del fútbol entre las selecciones de Escocia e Inglaterra. En las gradas, había 4.000 espectadores. Muchos años después, en 2006, 270 millones de personas en el mundo estaban activamente involucradas en el fútbol, según cálculos de la FIFA. Un gran salto media entre aquellos inicios y el momento actual de un deporte, que ha experimentado un espectacular desarrollo en todo el mundo.

Esta cifra, que supone cerca del 4% de la población mundial, representa a directivos, árbitros y, sobre todo, a millones de deportistas que juegan al fútbol regularmente de manera profesional, semiprofesional o *amateur*. La confederación con mayor porcentaje de personas involucradas en este deporte es la CONCACAF (Norte y Centroamérica, y el Caribe), con el 8,53% de su población. En cambio, en la zona de la AFC (Asia) el porcentaje cae al 2,22%. La UEFA (Europa) tiene un porcentaje de participación del 7,59%; la CONMEBOL (Sudamérica) del 7,47%; la OFC (Oceanía) del 4,68%; y la CAF (África) del 5,16%.

Hoy existen más de 1,7 millones de equipos en el mundo y, aproximadamente, 301.000 clubes. El país que cuenta con más futbolistas es China, que posee 26,1 millones de jugadores (sin contar niños). Por detrás, la siguen Estados Unidos (24,4), India (20,5), Alemania (16,3), Brasil (13,1) y México (8,4).

Por otro lado, el país con menor cantidad de jugadores de fútbol es Montserrat, con apenas 300 futbolistas, seguido por las Islas Vírgenes Británicas (658), Anguila (760) y las Islas Turcas y Caicos (950).

Primera mitad del siglo xx

A finales del siglo xix, la veloz difusión del fútbol en las islas Británicas hizo que, en menos de diez años, se fundaran asociaciones futbolísticas regionales como la Scottish Football Association (Escocia, 1873), la Football Association of Wales (Gales, 1875) y la Irish Football Association (Irlanda, 1880).

Poco después, el balompié comenzaría a expandirse dentro del área de influencia del Imperio británico. Los primeros países en albergar nuevas asociaciones de fútbol fueron Dinamarca y Países Bajos (1889), a los que luego se sumaron Nueva Zelanda (1891), Argentina (1893), Chile, Suiza y Bélgica (1895), Italia (1898), Alemania y Uruguay (1900), Hungría (1901), Noruega (1902) y Suecia (1904).

El 21 de mayo de 1904, representantes de siete asociaciones nacionales (Francia, Bélgica, Dinamarca, Holanda, España, Suecia y Suiza) se reunieron en París y organizaron la Federación Internacional del Fútbol Asociado (FIFA). Llamada a ser la entidad que dirigiera el nuevo deporte, la FIFA recibió el rechazo de las cuatro asociaciones de fútbol del Reino Unido, las denominadas *home nations*.

En junio de 1905, la FIFA celebró su segundo congreso. Ya entonces se discutía la necesidad de organizar una competición futbolística internacional. Se le puso fecha incluso para el año 1906, pero un cúmulo de problemas financieros y logísticos, unidos al estallido en 1914 de la Primera Guerra Mundial, retrasarían la iniciativa por dos décadas más.

Del abrupto parón que la *Gran Guerra* supuso para su desarrollo, el fútbol sólo pudo recuperarse en 1924. Los Juegos Olímpicos celebrados ese año en París junto a los que, cuatro años después, albergaría Ámsterdam, vinieron a revitalizarlo. Mención especial mereció la selección de Uruguay, vencedora en ambos torneos olímpicos.

El 28 de mayo de 1928, alentada por el nuevo impulso, la FIFA confirmará que el primer campeonato mundial de selecciones se celebraría, precisamente, en Uruguay dos años después.

En aquel tiempo, viajar a Sudamérica desde Europa suponía cerca de un mes de travesía marítima. Por ello, muchos equipos europeos cancelaron su participación. Pese a su ausencia, la primera edición de la Copa Mundial fue un éxito financiero, lo cual acrecentó el interés por el fútbol. Deportivamente, la nación anfitriona volvió a imponerse al derrotar a Argentina en la final (4-2).

En 1934, Italia acogió la segunda edición del torneo. La cita quedó empañada por las maniobras del dictador Benito Mussolini, quien se sirvió del Mundial para hacer propaganda de su Italia fascista, e hizo lo posible para que la selección anfitriona ganara el título. Antes de la final, que disputarían Italia y Checoslovaquia, el *Duce* envió un telegrama a sus jugadores. Amenazó con fusilarlos si no ganaban, y también amenazó a los árbitros del encuentro. La selección italiana, ataviada de negro, como el Partido Nacional Fascista, se impuso en la final por 2 a 1.

En 1938, Italia volvería a vencer en el Mundial celebrado en Francia. Se erigía así como la primera selección en lograr el bicampeonato al doblegar a Hungría en la final (4-2).

La Segunda Guerra Mundial (1939-1945) vino a interrumpir de nuevo los progresos realizados. Por suerte, a su conclusión, las *home nations* decidieron afiliarse, por fin, a la FIFA. El 10 de mayo de 1947, un gran encuentro amistoso sellaría la reconciliación entre las islas Británicas y el resto de Europa. Lo llamaron «el partido del siglo» y enfrentó a la selección británica con un combinado europeo. El encuentro se disputó en Hampden Park (Glasgow, Escocia), ante 137.000 espectadores, con la victoria por 6 a 1 de los locales. Las ganancias del partido ascendieron a 35.000 libras, donadas a la FIFA. En 1950, Brasil fue sede del primer mundial de la posguerra. El triunfo de la selección uruguaya sobre la anfitriona, en el recordado *maracanazo,* volvió a marcar el resurgimiento del fútbol mundial.

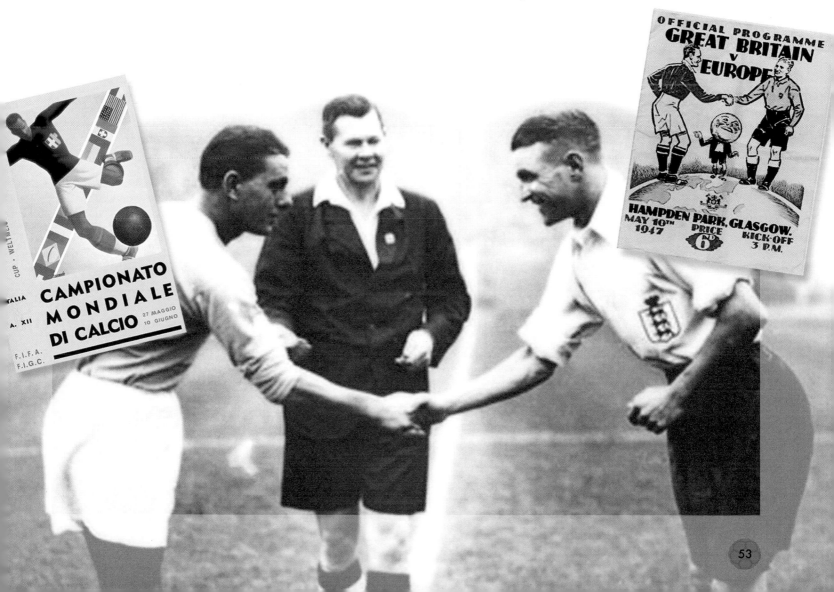

Segunda mitad del siglo xx

En la segunda mitad del siglo xx, el fútbol vive su época de mayor expansión. En 1954, el fútbol europeo se organiza mediante la UEFA y el asiático hace lo propio mediante la AFC. En África, se funda la Confederación Africana de Fútbol (CAF) en 1957, mientras en Norteamérica, Centroamérica y el Caribe surge la CONCACAF (1961). Por último, la Confederación de Fútbol de Oceanía (OFC) se articula en 1966. De inmediato, estas organizaciones se afiliarían a la FIFA.

La creación de las nuevas confederaciones hizo que se empezaran a disputar los primeros torneos regionales de selecciones. En 1956, la Confederación Asiática de Fútbol (AFC) organizó la primera edición de la Copa Asiática y, al año siguiente, la CAF celebró la Copa Africana de Naciones. La Eurocopa se convocó por primera vez en 1960, entre los países de la UEFA. Por su parte, la primera Copa CONCACAF –luego sustituida por la Copa de Oro– tuvo lugar en 1963. La Confederación de Fútbol de Oceanía sería la última en crear su torneo. La primera Copa de las Naciones de la OFC fue en 1973.

Paralelamente, la fundación de confederaciones hizo que se convocaran los primeros torneos internacionales entre clubes. El primer campeonato de este tipo fue la Liga de Campeones que, bajo el auspicio de la UEFA, enfrentaría entre sí a los campeones de las principales ligas europeas a partir de 1955.

Cinco años más tarde, en 1960, los clubes de países afiliados a la CONMEBOL (C.S.F.) comienzan a disputar la Copa Libertadores. Ese mismo año, se disputaría la primera edición de la Copa Intercontinental, que reunió a los campeones de ambos torneos. Este título sería reemplazado, en 2005, por la Copa Mundial de Clubes de la FIFA, que además recibiría a los campeones de las demás confederaciones.

En estos cincuenta años, la Copa Mundial de Fútbol se consolidó como el evento deportivo de mayor repercusión en el mundo entero. De hecho, su popularidad y audiencia superan ya actualmente incluso a la de los propios Juegos Olímpicos.

Una economía en expansión

Según cálculos de la propia FIFA, durante el año 2008 dicho organismo ingresó 957 millones de dólares y gastó 773. Por tanto, su superávit anual ascendió a 184 millones de dólares. Al finalizar ese mismo año, sus fondos propios alcanzaban los 902 millones de dólares.

El 94% de los ingresos que generó la FIFA en 2008 —es decir, 903 millones de dólares— los obtuvo gracias a eventos propios. La mayor parte de esta suma provino de la comercialización de derechos televisivos —556 millones— y de los derechos mercadotécnicos (253 millones). Como ingresos adicionales, la FIFA se embolsó 32 millones más mediante la concesión de licencias de marca y el concepto de calidad, lo que hace un 4% del total. Por fin, los ingresos financieros llegaron a los 22 millones de dólares —un 2% del total— a partir de, básicamente, el cobro de intereses.

En lo que respecta a gastos, durante 2008 la FIFA realizó una generosa inversión en los preparativos de la Copa Mundial de Sudáfrica 2010. Este evento, junto a los otros que organiza la FIFA, absorbieron el 57% del total de sus gastos. Asimismo, los proyectos de desarrollo de la FIFA requirieron 133 millones de dólares, lo que constituye el 17% del total de gastos. Estos proyectos incluyen, además del ampliamente reconocido Programa Goal y el Programa de Asistencia Financiera (FAP), la nueva alianza *Fútbol por un mundo mejor*.

Conforme al compromiso humanitario de la FIFA, y en el marco del movimiento *Football for hope*, dicha alianza promueve proyectos en países en vías de desarrollo, además de cursos y el programa F-MARC: *Nutrición para el fútbol*. Otras inversiones clave favorecieron el desarrollo del arbitraje y del fútbol femenino.

El poderío económico de los clubes de fútbol es tremendamente desigual y depende de su capacidad para generar ingresos en virtud de derechos televisivos, publicidad, venta de entradas o *merchandising*.

Los mayores presupuestos se encuentran hoy día en Europa, concentrados sobre todo en las ligas de Alemania, España, Italia e Inglaterra. Por su parte, los clubes de Sudamérica se han vuelto exportadores de grandes talentos futbolísticos con destino a las grandes ligas europeas. Por ello, sus mayores ingresos proceden de la transferencia de jugadores, pero también de fondos aportados por las transmisiones televisivas y por la publicidad de las camisetas.

Se entiende por fichaje a la transferencia de un futbolista de un club a otro a cambio de una suma económica. Estos fichajes pueden alcanzar precios muy altos. En la lista, se destacan los diez más caros de la historia del fútbol hasta 2009:

	AÑO	JUGADOR	ORIGEN	DESTINO	PRECIO
1	2009	Cristiano Ronaldo	Manchester United	Real Madrid	94
2	2001	Zinedine Zidane	Juventus FC	Real Madrid	73,5
3	2009	Kaká	AC Milan	Real Madrid	67,2
4	2000	Luis Figo	FC Barcelona	Real Madrid	60
5	2000	Hernán Crespo	Parma FC	SS Lazio	55
6	2001	Gianluigi Buffon	Parma FC	Juventus FC	54,1
7	2009	Zlatan Ibrahimovic	Inter FC	FC Barcelona	50
8	2002	Rio Ferdinand	Leeds United	Manchester United	47
9	2006	Andriy Shevchenko	AC Milan	Chelsea FC	46
10	2001	Juan Sebastián Verón	SS Lazio	Manchester United	46

Pero el fútbol también cumple un rol solidario. Mediante el Programa Goal, la FIFA contribuye al desarrollo del deporte en países donde esto se hace difícil debido a la pobreza. Por otro lado, desde 1999, la FIFA colabora con UNICEF brindando material de trabajo relacionado con el fútbol para que éste sea repartido por dicha entidad, dependiente de las Naciones Unidas.

A menudo, las estrellas del fútbol mundial participan o convocan partidos amistosos cuya recaudación promueve fines benéficos.

Lucha contra el dopaje

La lucha contra el dopaje en el fútbol se remonta a 1966, cuando la FIFA se convirtió en una de las primeras federaciones internacionales en crear reglas para combatirlo. Cada año, se realizan en el mundo del fútbol 20.000 pruebas antidopaje. De ellas, apenas entre 80 y 90 dan resultado positivo, sobre todo por consumo de cocaína o cannabis.

Un positivo por dopaje requiere que un laboratorio autorizado identifique, en las muestras orgánicas de un futbolista, la presencia de una sustancia prohibida o de sus metabolitos, siempre que el uso de dicha sustancia no haya sido aprobado mediante una Exención por Uso Terapéutico (EUT) o que el jugador no la genere naturalmente en su organismo.

El procedimiento para una prueba de dopaje se inicia en el descanso del partido. Mediante sorteo, se designan dos jugadores por equipo. Quince minutos antes de concluir el encuentro, un delegado antidopaje –que viste un delantal blanco con una cruz verde– espera a los jugadores junto al césped. Éste recibe un sobre con el nombre de los cuatro furbolistas y, entre ellos, elige al azar uno por equipo. Terminado el encuentro, el delegado abordará a los dos jugadores designados y los conducirá a la zona de pruebas para someterlos al control antidopaje.

(También los futbolistas expulsados durante el encuentro pueden ser citados).

Más tarde, los jugadores seleccionados deberán entregar una muestra de su orina. Antes de

hacerlo, éstos no podrán ingresar a los vestuarios, pero sí a una sala donde se les permitirá ingerir bebidas no alcohólicas e incluso darse una ducha. Un profesional del mismo sexo que el jugador tomará la muestra y la enviará a un laboratorio para su análisis.

En caso de que la muestra resultara positiva, el informe se enviará a la Subcomisión de Control del Dopaje de la FIFA. Ésta investigará la veracidad del análisis y, una vez validado, lo remitirá al director de Control de Dopaje de la FIFA. A su vez, éste verificará la información para autorizar su envío a la Comisión Disciplinaria, a la Comisión de Medicina Deportiva y a la asociación a la cual pertenezca el jugador. La Comisión Disciplinaria decidirá, finalmente, qué pena recibe el jugador.

Quizás el caso más conocido de dopaje en el fútbol fue el de Diego Armando Maradona. Este jugador, uno de los más grandes en la historia del balompié, fue sometido al control antidopaje tras disputar un partido del Mundial de Fútbol de 1994, en Estados Unidos. Su muestra dio positiva y se le aplicó una pena de 15 meses sin competir.

Violencia y *fair play*

La violencia en el fútbol es casi tan antigua como el deporte mismo. Sus orígenes se remontan a los encuentros de *fútbol de carnaval* que se disputaban durante la Edad Media. Se caracterizaban por su ausencia de reglas y por el uso desmedido de la violencia. Eso provocó que, en 1314, el rey Eduardo II decretara su prohibición para evitar los frecuentes altercados.

El primer incidente violento del que se guarda recuerdo en el fútbol moderno ocurrió en 1885, cuando un partido entre los equipos ingleses de Preston North End y Aston Villa terminó con una brutal pelea entre jugadores de ambos equipos.

Hoy día, se han hecho tristemente famosos los grupos de violentos seguidores conocidos, según el país, como *barras bravas*, *hooligans* o ultras. En Sudamérica, Argentina es uno de los países más azotados por este flagelo. A lo largo de su historia futbolística, este país ha sufrido más de 220 muertes relacionadas con incidentes en campos de juego y sus alrededores. En Italia, la violencia de los *tifosi* va aún más lejos. Los ultras italianos se caracterizan por sus insultos racistas e incluso han llegado a fabricar armamento para enfrentarse, antes, durante y tras los encuentros, a los seguidores del equipo rival.

Un capítulo particularmente atípico, pero muy trágico, fue la llamada Guerra del Fútbol. Dicho conflicto bélico enfrentó a los países centroamericanos de El Salvador y Honduras en el año 1969. Enemistados desde años antes por cuestiones políticas, el detonante de esta guerra fue una serie de encuentros clasificatorios para la Copa Mundial de México 1970.

Para evitar estos males, la FIFA promueve desde hace años una campaña por el *fair play* o juego limpio. Persigue con ello que los futbolistas se comporten conforme a los valores de compañerismo que alienta este deporte. Por eso, cada año, la FIFA premia a personas, clubes o asociaciones que considera modelos de *fair play*.

El fútbol femenino

En contraste con el fútbol masculino, el balompié femenino ha crecido lentamente. Ello se debe a los obstáculos sociales y culturales que, tradicionalmente, han impedido la plena incorporación de la mujer al deporte.

El primer encuentro femenino del cual se tiene memoria se disputó en Glasgow (Escocia) el año 1892. No mucho más tarde, a fines de 1921, el fútbol femenino fue prohibido en Inglaterra, lo cual hizo imposible su difusión mundial.

En 1969, el fútbol femenino —ya legalizado— se volvió a organizar en Inglaterra, y con ello arrancó su expansión mundial. El primer partido internacional de selecciones de fútbol femenino se celebró en 1972, casualmente cien años después del primer encuentro masculino. Se saldó con la victoria de las futbolistas inglesas sobre las de Escocia por 3 a 2. La primera Copa Mundial de Fútbol Femenino se jugó en 1991 y, en 1996, el fútbol femenino se incorporó a las Olimpiadas.

Según una encuesta realizada por la FIFA, existen unos 26 millones de jugadoras en el mundo. En promedio, de cada diez futbolistas, una es mujer.

La cultura del fútbol

Si la cultura es el conjunto de expresiones de una sociedad, el fútbol forma parte de ella. Sin embargo, no es hasta las décadas de 1960 y 1970 cuando los literatos e intelectuales se aproximan al mundo del fútbol. Este acercamiento puede relacionarse, quizás, con el auge de los estudios semióticos, que revalorizaron las manifestaciones culturales de carácter masivo y popular.

Uno de los organismos que, internacionalmente, más ha promovido el fútbol como forma de cultura es el Goethe-Institut. Este centro ha dedicado al tema numerosas exposiciones a lo largo de su historia.

Durante el Mundial de 2006, disputado en Alemania, se presentó el *Walk of ideas*. Esta muestra constaba de una serie de obras plásticas que encarnaban al país teutón; curiosamente, una de ellas representaba un par de botas de fútbol.

No es posible entender la *iconografía* que, a lo largo de su historia, ha ido generando el mundo del fútbol sin el diseño gráfico. Con motivo de las citas mundialistas, esta disciplina ha ideado afiches siempre nuevos y otros elementos gráficos que encarnan al país anfitrión, y al espíritu tradicional, pero por supuesto siempre renovado, de la competición.

Si la televisión es el medio masivo por el cual el fútbol se difunde, y donde su presencia es constante, tampoco el cine le ha sido ajeno. Hace pocos años, la FIFA lanzó una película relacionada con la Copa Mundial de Fútbol de 2006.

Por fin, la progresiva sofisticación tecnológica de las consolas y el perfeccionamiento de los sistemas de animación han hecho que proliferen, con tremenda aceptación, los videojuegos sobre el llamado *deporte rey*.

FIFA: una organización global

Con sede en Zúrich (Suiza), la Fédération Internationale de Football Association (FIFA) es el organismo que dirige el fútbol en el ámbito mundial. Su misión incluye cinco puntos principales que persiguen garantizar el buen desarrollo de este deporte:

• Mejorar el fútbol a partir de su carácter universal, educativo y cultural, así como fomentar los valores humanos.
• Organizar competiciones futbolísticas.
• Elaborar un reglamento que preserve el espíritu del juego.
• Controlar las distintas formas del fútbol, adoptando medidas que las mejoren.
• Velar por la buena práctica futbolística e impedir conductas que perjudiquen la esencia del deporte.

La FIFA no se centra sólo en los detalles organizativos del deporte, sino que también promueve mejoras en las infraestructuras futbolísticas de cada país. Mediante el Programa Goal, en el intervalo entre 1998 y 2008, la FIFA ha llevado a cabo más de 360 proyectos, repartidos entre 193 asociaciones miembro.

Precisamente en 2008, el Bureau Goal aprobó el lanzamiento de un nuevo tipo de proyecto –los «proyectos de fútbol Goal»–, para optimizar el uso de los centros técnicos edificados en el marco del Programa Goal.

Otra iniciativa muy apreciada por las asociaciones miembro de la FIFA es el Programa de Asistencia Financiera (FAP). Una vez más, en 2008, esta herramienta ha resultado fundamental para implementar actividades de profesionalización y desarrollo técnico. Los países beneficiarios valoran, sobre todo, la ayuda y libertad de que gozan con este programa a la hora de materializar sus proyectos de desarrollo.

Desde su inauguración, en 1999, el FAP se ha esforzado por reforzar la transparencia y eficacia de sus fondos, enfocando su contribución a iniciativas de desarrollo a largo plazo y mejorando la gestión contable por parte de las asociaciones miembro. Para ello, el Comité Ejecutivo de la FIFA aprobó, el 19 de diciembre de 2008, un nuevo reglamento del FAP, que entró en vigor en el año 2009.

Debido a la constante expansión del fútbol, a lo largo de la historia se han desarrollado seis confederaciones regionales, cuyos objetivos son similares a los de la FIFA. Éstas se encargan de coordinar todos los aspectos del balompié en cada región.

Para que una asociación nacional de fútbol sea miembro de una confederación, no necesariamente debe serlo de la FIFA. A su vez, dentro de cada confederación hay asociaciones de fútbol, las cuales representan a un país y, en ocasiones, a un territorio o Estado no reconocido internacionalmente.

De todos modos, salvo casos excepcionales, suele haber una sola asociación por país o territorio, y en caso de existir más de una, sólo una puede estar afiliada a su confederación. En algunos casos la asociación principal del país tiene afiliadas otras *sub-asociaciones* para organizar mejor el fútbol.

Cada asociación organiza el fútbol de su país, independientemente de su confederación. Sin embargo, en algunos casos, por ejemplo, para que un club pueda competir en torneos internacionales, debe estar avalado por la asociación ante la confederación. En determinadas situaciones, un equipo puede estar afiliado a una asociación sin estar afiliado a una confederación.

Por último, hay que mencionar a la NF-Board, organización que agrupa a las asociaciones no afiliadas a la FIFA, ni a ninguna de sus confederaciones. La gran mayoría de estas asociaciones pertenecen a territorios y estados no reconocidos políticamente a nivel internacional. La única competición de dicho organismo es la Copa Mundial VIVA.

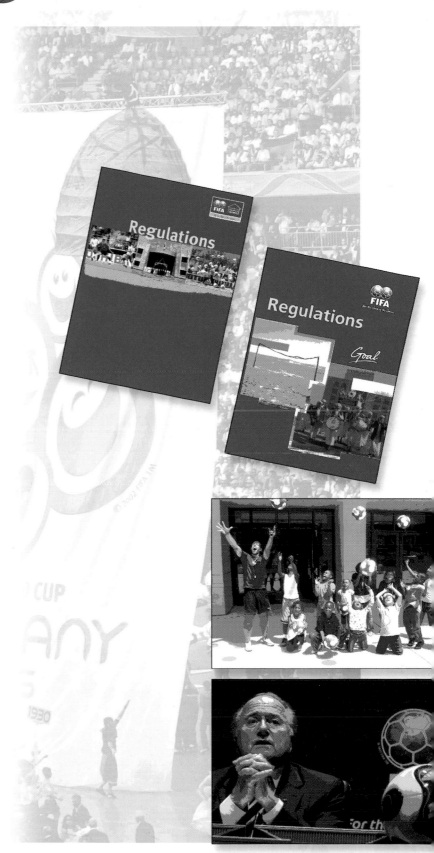

SELECCIONES NACIONALES

Es un lugar común afirmar que el fútbol es el gran deporte global. Sin embargo, por encima de ello, constituye una fuerza capaz de cohesionar a la sociedad fomentando una suerte de comunidad mundial participativa.

Hoy el fútbol fortalece numerosas iniciativas en todo el mundo, y contribuye a mantener la paz, a promover la salud, la educación y la integración social. Su poder como herramienta de desarrollo social y humano es innegable.

El fútbol es un lenguaje común que logra cohesionar a todos los seres humanos del mundo en torno a una causa: participar en la comunidad global y ser identificado, deportivamente, dentro de ella.

Agrupadas en cinco zonas continentales, todas las naciones participan de este deporte. En este apartado, encontrarás una reseña de las selecciones nacionales que componen cada una de las seis confederaciones futbolísticas: la UEFA (Europa), la CONMEBOL (Sudamérica), la CAF (África), la CONCACAF (Norteamérica, Centroamérica y el Caribe), la AFC (Asia) y la OFC (Oceanía).

Europa

Un total de 53 países integran la Unión de Asociaciones de Fútbol Europeas, también conocida como Unión Europea de las Asociaciones Nacionales (UEFA). Esta entidad representa la máximo autoridad de este deporte en Europa y es una de las seis confederaciones que forman la FIFA.

A la UEFA pertenecen varias asociaciones nacionales de fútbol que están geográficamente fuera de Europa, en Asia, y que, en principio, deberían pertenecer a la Confederación Asiática de Fútbol (AFC). De hecho, algunas de ellas, como Israel o Kazajistán, fueron en el pasado miembros de la AFC, para pasar a integrarse luego en la UEFA. Otras naciones asiáticas o euroasiáticas que componen hoy la UEFA son Armenia, Azerbaiyán, Georgia, Rusia, Chipre y Turquía.

Por su parte, todos los estados independientes dentro del continente europeo se han adherido a la UEFA, con las únicas excepciones de Mónaco y Ciudad del Vaticano. Como peculiaridad, el Reino Unido –al igual que sucede en las competiciones de *rugby*– participa de forma separada en los torneos futbolísticos mediante las selecciones de Inglaterra, Escocia, Galés e Irlanda del Norte. Por su lado, el archipiélago de las Islas Feroe, región autónoma del Reino de Dinamarca, compite también con su propia selección.

La UEFA organiza los campeonatos de naciones de Europa, controla los recursos económicos de los premios, los reglamentos, los medios de comunicación y los derechos de las competiciones.

Desde 1995, su sede central se encuentra en la ciudad de Nyon (Suiza).

ISLANDIA

ISLAS FEROE

IRLANDA DEL NORTE

ESCOCIA

IRLANDA

GALES

INGLATERR

FRANCIA

ANDORRA

PORTUGAL

ESPAÑA

FINLANDIA

ESTONIA

RUSIA

NORUEGA

SUECIA

LETONIA

DINAMARCA

LITUANIA

BIELORRUSIA

KAZAJISTÁN

HOLANDA

ALEMANIA

POLONIA

UCRANIA

BÉLGICA

UXEMBURGO

REPÚBLICA CHECA

ESLOVAQUIA

MOLDAVIA

AZERBAIYÁN

GEORGIA

AUSTRIA

LIECHTENSTEIN

HUNGRÍA

SUIZA

ESLOVENIA

BOSNIA Y
HERZEGOVINA

RUMANÍA

ARMENIA

SAN MARINO

ITALIA

CROACIA

SERBIA

BULGARIA

TURQUÍA

MONTENEGRO

ALBANIA

REPÚBLICA DE MACEDONIA

GRECIA

CHIPRE

MALTA

ISRAEL

España

Organismo: **Real Federación Española de Fútbol**
Fundación: **1913**
Afiliación FIFA: **ESP (1904)**
Confederación: **UEFA**
Eurocopa: **1964, 2008**
Juegos Olímpicos: **1992**

La selección de fútbol de España está formada por jugadores de nacionalidad española y representa a la Real Federación Española de Fútbol en las competiciones oficiales organizadas por la FIFA.

Conocida popularmente como *la roja*, parece que fueron los italianos quienes, en los años veinte del siglo pasado, empezaron a llamar a esta selección con el nombre de *la furia rossa*.

La selección española ha participado en doce ediciones de la Copa Mundial de Fútbol, y ejerció como anfitriona de la de 1982. Su mejor resultado en ese torneo fue el cuarto puesto alcanzado en la Copa Mundial de Fútbol de 1950, realizada en Brasil.

También ha participado en ocho ediciones de la Eurocopa, de las cuales ha salido campeona dos veces. Su primera actuación destacada fue en 1964, año en que el torneo se celebraba precisamente en España. Como local pues, la selección se proclamó campeona al derrotar, en la final, gracias a un cabezazo de Marcelino, a la Unión Soviética por 2-1.

Más amargo fue su paso por la Eurocopa de 1984, cuya final alcanzó también. Sin embargo,

un infortunado error del portero Luis Miguel Arconada abrió el camino para que Francia, país anfitrión, se impusiera por 2-0.

En el año 2008, España se proclamó campeona de Europa por segunda vez al batir a Alemania en la final, gracias a un gol de Fernando Torres. Esa victoria le valió a España encabezar por vez primera la clasificación mundial de la FIFA. Hasta esa fecha, sólo seis equipos nacionales habían logrado liderar dicho *ranking*.

La trayectoria olímpica de la selección tiene como punto culminante los Juegos de Barcelona 1992 y su vibrante final en el

Camp Nou. Allí conquistó la medalla de oro al derrotar a Polonia por 3 a 2. Ocho años después, en Sidney 2000, España pudo renovar el título, pero desgraciadamente cayó en la final ante Camerún.

En categorías inferiores, España se alzó con el Mundial Sub-20, jugado en 1999 en Nigeria, al vencer por 4-0 a Japón.

Tras un pleno de diez victorias frente a Turquía, Bélgica, Bosnia-Herzegovina, Armenia y Estonia, España se clasificó para el Mundial de Sudáfrica 2010. El sorteo le deparó enfrentarse, durante la primera fase, con Honduras, Suiza y Chile.

Italia

Organismo: Federazione Italiana Gioco Calcio
Fundación: 1898
Afiliación FIFA: ITA (1905)
Confederación: UEFA
Copa del Mundo: 1934, 1938, 1982, 2006
Eurocopa: 1968
Juegos Olímpicos: 1936

La selección italiana de fútbol debutó ante Francia en 1910. Desde entonces, se ha labrado uno de los palmareses más exitosos del mundo y ha ganado cuatro copas mundiales.

En sus primeros años, Italia alcanzó la medalla de bronce de los Juegos Olímpicos de Ámsterdam 1928. Entrada la década de los años 1930, la *squadra azzurra* —nombre que recibe el equipo por el color azul de su camiseta— alcanzó uno de sus mayores momentos de gloria con dos títulos mundiales. El primero llegó en 1934, entre sospechas de apaño, cuando albergaba la Copa Mundial de Fútbol como país anfitrión. El segundo vendría cuatro años después, en Francia, al derrotar a Hungría en la final. Entre ambas fechas, el plantel italiano conquistaría la medalla de oro en los Juegos Olímpicos de Berlín 1936.

Tras la Segunda Guerra Mundial, que devastó el país, el fútbol italiano tuvo mediocres participaciones internacionales. No se recuperó hasta 1968, año en que ganó la Eurocopa celebrada precisamente en Italia. Ese triunfo vino precedido por una discreta participación: clasificó en semifinales tras el lanzamiento de una moneda, y la final frente a Yugoslavia debió ser repetida tras acabar en empate.

Más brillante fue su paso por la Copa Mundial de Fútbol de México 1970. Llegó a la final del torneo tras derrotar a Alemania Federal por 4-3, en lo que volvería a llamarse «el partido del siglo». Sin embargo, esta vez Italia no podría ganar. Enfrente tuvo a la poderosa Brasil de *o rei* Pelé.

Aunque Italia logró llegar a semifinales de la Copa Mundial de Fútbol en 1978, sólo en España 1982 pudo recuperar su prestigio. Liderada por el delantero Paolo Rossi, los *azzurri* se coronaron campeones del mundo en el Santiago Bernabeu (Madrid), al derrotar a Alemania Federal. Era su tercer título mundial casi medio siglo después.

Grises e irregulares fueron para Italia los años posteriores. Sólo en su propio mundial —Italia 1990— esta selección alcanzaría las semifinales. Caracterizada desde 1982 por un fútbol muy defensivo, los futbolistas italianos se abonaron a los partidos de corto marcador. Este rasgo los volvió extremadamente competitivos, pero —a menudo abocados al empate— la suerte no siempre les sonrió. En Estados Unidos 1994, por ejemplo, Italia llegó a la final del torneo, pero cayó ante Brasil en los penales. Fue la primera final de la historia en resolverse por penaltis. Años después, perdería la Eurocopa 2000 ante Francia, después de un gol de oro en la prórroga.

En la Copa Mundial de 2006, en cambio, Italia alcanzó su cuarta estrella al doblegar —esta vez sí— a Francia. Tras empatar 1-1, se impuso a los galos por penaltis (5-3). Hace menos tiempo, en cuartos de final de la Eurocopa 2008, Italia cayó por penaltis ante España. Roberto Donadoni dimitió como entrenador y su sucesor, Marcello Lippi, regresó a los banquillos tras dos años de retiro.

Alemania

Organismo:	**Deutscher Fußball-Bund**
Fundación:	**1900**
Afiliación FIFA:	**GER (1904, 1946,1950)**
Confederación:	**UEFA**
Copa del Mundo:	**1954, 1974,1990 (WG)**
Eurocopa:	**1972, 1980 (WG),1996**
Juegos Olímpicos:	**1976 (WG)**

En cierta ocasión, el jugador inglés Gary Lineker afirmó: «El fútbol es un juego que enfrenta a once contra once y en el que siempre gana Alemania». No en vano, esta selección se ha convertido en uno de los equipos más importantes del mundo a lo largo de la historia.

Alemania es el país que más finales ha disputado en copas mundiales, sólo igualada por Brasil. Ha jugado las finales de 1954, 1966, 1974, 1982, 1986, 1990 y 2002, aunque sólo pudo vencer en las citas mundialistas de 1954,1974 y 1990.

En el ámbito continental, el equipo teutón es la selección que más veces ha ganado la Eurocopa, con tres títulos en su palmarés. Pero la proverbial competitividad alemana no se circunscribe sólo al primer equipo. En 1981, su selección juvenil conquistó también la Copa Mundial de Fútbol Juvenil. En fútbol femenino, las alemanas son las únicas que han obtenido dos campeonatos mundiales, en 2003 y 2007. Como ejemplo de todo ello, Alemania fue la primera selección que lideró el *ránking* FIFA, utilizado desde 1993. Su reinado duró entonces dos años: 1993 y 1994.

Alemania jugó su primer partido internacional en 1908. Fue un partido amistoso ante Suiza, en Basilea. Desde entonces, ha jugado 800 partidos internacionales, con 457 victorias, 179 derrotas y 164 empates. Ha anotado un total de 1.782 goles y sólo ha recibido 965 en su portería. El mejor resultado lo obtuvo el 1 de julio de 1912 al vencer a Rusia por 16 goles a 0, en Estocolmo (Suecia). El peor, la derrota por 9-0 frente a Inglaterra el 16 de marzo de 1909.

La historia de esta selección ha estado marcada por los penosos efectos de la Segunda Guerra Mundial, que supuso la división en dos de Alemania: la República Federal (RFA), al oeste, y la República Democrática (RDA) al este. En lo futbolístico, del equipo federal se escindieron dos nuevas selecciones: la del Sarre (1947-1956) y la Alemania Democrática (1949-1991).

No fue hasta 1990 cuando Alemania se reunificó. Hasta entonces, *la mannschaft* («el equipo») representaba sólo a la RFA. Se considera a la actual selección sucesora de la de la RFA, pues mantuvo iguales organizaciones federativas. Al caer el telón de acero, la selección oriental se disolvió para integrarse de nuevo en el equipo federal.

Probablemente no sea posible entender la obsesión alemana por la victoria sin la tremenda división que sufrió el país durante el siglo XX. Grandes figuras dio el fútbol alemán en ese tiempo: Paul Breitner, Lothar Matthäus, Karl-Heinz Rummenigge, Fritz Walter, Uwe Seeler, Franz Beckenbauer, Josef-Dieter Maier, Andreas Brehme, Rudi Völler, Thomas Hässler, Jürgen Klinsmann, Berti Vogts, Gerhard Müller... En 1990, Beckenbauer hizo historia al convertirse —tras el brasileño Lobo Zagallo— en la segunda persona que gana el Mundial como jugador y como seleccionador.

Francia

Organismo:	Fédération Française de Football
Fundación:	1919
Afiliación FIFA:	FRA (1904)
Confederación:	UEFA
Copa del Mundo:	1998
Eurocopa:	1984, 2000
Juegos Olímpicos:	1984

Junto con Argentina, Francia es la única selección del mundo que ha ganado los títulos más importantes organizados por la FIFA y por su propia confederación: el Mundial, los Juegos Olímpicos, la Copa FIFA Confederaciones, y la Eurocopa. La selección francesa encarna al fútbol francés con dos excepciones. Se trata de Nueva Caledonia y Tahití, territorios de Francia que tienen su propia selección reconocida por la FIFA.

El combinado francés disputó su primer partido oficial el 1 de mayo de 1904: empató 3-3 con Bélgica. Habrían de transcurrir 26 años para que se celebrara el primer Mundial de Fútbol. Francia fue una de los pocas selecciones europeas que se desplazaron a Uruguay en 1930. Eliminada en primera ronda, Francia mereció el honor de que fuera Lucien Laurent el primer futbolista en marcar un gol en la historia de los mundiales. Lo anotó el 13 de julio de 1930 en el estadio Pocitos de Montevideo, contra la selección de México.

Tras la Segunda Guerra Mundial, Francia no jugó el Mundial de 1950. En el de Suiza 1954, quedó en el puesto 11 de la primera fase. La primera gran actuación mundialista del equipo galo llegaría en Suecia 1958. Conquistó el tercer lugar, espoleada por el delantero Just Fontaine que

—desde entonces— conserva el récord de máximo goleador en un solo mundial con 13 goles.

Con todo, no hubo una gran generación de futbolistas galos hasta la década de 1980. Liderado por su capitán, Michel Platini, aquel equipo a punto estuvo de alcanzar la final en España 1982. Cayó en una reñida semifinal contra Alemania, pero quedó el recuerdo de figuras como Patrick Battiston, Jean Tigana y Alain Giresse.

Dos años después, esta brillante hornada de jugadores se sacó la espina clavada. Dirigida por Michel Hidalgo, Francia se alzó como campeón europeo, en condición de local, durante la Eurocopa de 1984. Venció a España por 2 a 0. Ese mismo año, el equipo olímpico lograba la medalla de Oro en Los Ángeles 1984.

Tras años aciagos que la condenaron a no disputar los mundiales de 1990 y 1994, Francia organizó la Copa Mundial de 1998. Dirigida por Aimé Jacquet, no sólo llegó hasta la final sino que goleó a la defensora del título, Brasil (3-0). Fue la puesta de largo de la *generación dorada* de Barthez, Pirès, Henry, Blanc, Deschamps, pero sobre todo, de Zinedine Zidane, uno de los volantes creativos más dotados de la historia. Así, su primer título mundial lo conquistó Francia el 12 de julio de 1998, ante sus propios seguidores, en el Stade de France (París). La racha victoriosa proseguiría con la Eurocopa 2000, que los galos se adjudicaron con un gol de oro de Trezeguet en la final que los enfrentaba a Italia.

El Mundial de 2002 fue, en cambio, dramático para la entonces campeona. Derrotada en el estreno por Senegal, quedó última de su grupo con un sólo punto en tres partidos.

En la Eurocopa de Portugal 2004, Francia superó sin problemas la primera fase pero su trayectoria se truncó, por sorpresa, ante la selección de Grecia que, con un fútbol mezquino, la eliminó en cuartos de final por 0-1. Grecia saldría campeona.

La infortunada generación de Zidane tuvo una despedida digna en el mundial de Alemania 2006. Pese a rozar otra vergonzosa eliminación en primera ronda, Francia se repuso y, ganando in extremis su tercer partido, llegó a octavos de final. Entonces el equipo galo selló su recuperación

al vencer a España (3-1) y, ya en cuartos, a la campeona, Brasil (1-0). En la semifinal, batió a Portugal, y así se llegó a la gran final contra Italia en el estadio Olympia de Berlín. Zidane adelantó a Francia de penal y Marco Materazzi, de cabeza, empató para Italia. Ya en la prórroga, Materazzi insultó a Zidane y éste le respondió con un cabezazo en el pecho, que le supuso la expulsión. Descabezada, Francia perdió en los penaltis.

Eliminada en primera ronda durante la Eurocopa 2008, la selección gala vive momentos de difícil renovación generacional. Se clasificó para Sudáfrica 2010 en la repesca contra Irlanda, gracias a un polémico gol precedido de mano.

Inglaterra

Organismo: **The Football Association**
Fundación: **1863**
Afiliación FIFA: **ENG (1905, 1920, 1924, 1928, 1946)**
Confederación: **UEFA**
Copa del Mundo: **1966**
Juegos Olímpicos: **1900, 1908, 1912**

Como cuna del fútbol, Inglaterra ha desempeñado un rol clave en el desarrollo de este deporte. La selección inglesa es una de las cuatro que representan al Reino Unido, junto a las selecciones nacionales de Escocia, Gales e Irlanda del Norte. Sin embargo, se distingue por ser –con Escocia– la más antigua de las existentes y la que jugó el primer partido internacional de fútbol. Fue el 30 de noviembre de 1872 contra su vecino escocés (0-0).

Sólo una vez ha ganado Inglaterra la Copa Mundial de Fútbol. Lo hizo como equipo anfitrión del torneo, en 1966. El título inauguró su época de oro, que duraría hasta 1971, bajo la batuta de Bobby Charlton, máximo goleador en la historia de la selección inglesa. (Una época de plata llegaría para este equipo entre 1986 y 1991).

Con todo, Inglaterra no ha podido ganar nunca la Eurocopa; ni siquiera ha llegado a disputar una final de ese torneo. Tampoco ha podido participar en una Copa FIFA Confederaciones.

La selección inglesa obtuvo el mejor resultado de su historia en 1882, al

derrotar, en Belfast, a Irlanda del Norte por trece goles de diferencia. Por contra, el peor varapalo se lo propinó Hungría, en Budapest, el 23 de mayo de 1954. Perdió por 7 a 1.

El estadio tradicional de la selección inglesa ha sido el de Wembley, en la ciudad de Londres. Este mítico estadio fue reconstruido por completo a comienzos del siglo XXI. Desde 2002 hasta su reinauguración en 2007, Inglaterra jugó sus partidos internacionales en el estadio de Old Trafford (Mánchester), al que el propio Bobby Charlton llamó una vez «el teatro de los sueños».

Países Bajos

Organismo:	**Koninklijke Nederlandse Voetbal Bond**
Fundación:	**1889**
Afiliación FIFA:	**NED (1904)**
Confederación:	**UEFA**
Eurocopa:	**1988**

La selección de fútbol de los Países Bajos, a menudo mal llamada como Holanda, es uno de los equipos más importantes del mundo. Si bien nunca ha ganado la Copa Mundial, ha alcanzado dos veces la final de este torneo. Además, en sus vitrinas guarda una Eurocopa, obtenida en 1988.

La selección neerlandesa jugó su primer partido internacional en Amberes, ante Bélgica, el 30 de abril de 1905. El encuentro terminó con victoria neerlandesa por 4-1, gracias a los cuatro goles anotados por Eddy de Neve. De aquellos años, tempranos, datan tres medallas de bronce en las Olimpiadas de 1908, 1912 y 1920.

El mejor resultado de su historia lo obtuvo la selección naranja el 1 de noviembre de 1972, en Rotterdam. Apabulló al equipo de Noruega por nueve tantos de diferencia. Su peor resultado aconteció en La Haya, el 1 de abril de 1907, cuando Inglaterra le endosó 12 goles.

Más allá de su palmarés, esta selección ha conquistado la simpatía de muchos aficionados al fútbol por promover un patrón de juego ofensivo y chispeante. Es en la década de 1970 cuando, por su excelente nivel de juego, este conjunto recibe el apodo de *naranja mecánica*. Por aquel entonces, hacía más de treinta años que Países Bajos no se clasificaba para un Mundial. Sin embargo, gracias a la fantasía de Johan Cruyff (Bota de Oro en 1971, 73 y 74) y de Johannes Neeskesns, esta selección alcanzaría las finales de la copa del mundo de 1974 y 1978. El trofeo, que muchos consideraban sobradamente merecido, nunca le llegó al equipo abanderado del *fútbol total*.

Una segunda primavera del *fútbol naranja* sobrevendría a finales de la década de 1980, de la mano de futbolistas tan brillantes como Ronald Koeman, Frank Rijkaard, Ruud Gullit o el goleador Marco Van Basten. En 1988, con goles de Gullit y Van Basten, Países Bajos superó a la Unión Soviética y se proclamó campeón de la Eurocopa.

Otras selecciones europeas

Albania

Organismo:	**Federata Shqiptare e Futbollit**
Fundación:	**1930**
Afiliación FIFA:	**ALB (1932)**
Confederación:	**UEFA (1954)**

Albania nunca ha logrado clasificarse para la fase final de ningún gran torneo internacional: ni para la Eurocopa, ni para la Copa Mundial, ni para los Juegos Olímpicos. Por eso, es considerada una de las selecciones europeas más débiles.

Albania se incorporó a las competiciones internacionales en la década de 1960. En 1963, jugó por primera vez las fases clasificatorias para los Juegos Olímpicos y, poco después, las previas de la Eurocopa. Ya en 1964, tomó parte, por primera vez, en la previa de la Copa Mundial.

Suele jugar sus partidos internacionales en el estadio Qemal Stafa de la capital, Tirana. Sin embargo, una de las victorias más sonadas de esta selección fue la lograda en el Loro-Boriçi de Shkodra. Allí venció a Rusia por 3-1, en partido clasificatorio para la Eurocopa 2004.

Andorra

Organismo:	**Federación Andorrana de fútbol**
Fundación:	**1996**
Afiliación FIFA:	**AND (1996)**
Confederación:	**UEFA (1996)**

Reconocida por la FIFA y la UEFA hace muy pocos años, esta selección jugó su primer partido oficial el 13 de noviembre de 1996, contra Estonia en el Estadi Comunal d'Andorra. Sus victorias más amplias han sido por 2 a 0 contra Bielorrusia y Albania, el 26 de abril del 2000 y el 17 de abril del 2002, respectivamente. Ambos partidos se disputaron en Andorra la Vieja.

 Armenia

Organismo:	**Federación de Fútbol de Armenia**
Fundación:	**1922**
Afiliación FIFA:	**ARM (1992)**
Confederación:	**UEFA (1993)**

Armenia formó parte de la extinta Unión Soviética entre 1939 y 1994. Este país creó su propia selección en 1992, al fragmentarse la Unión de Repúblicas Socialistas Soviéticas a la que aún pertenecía. Hasta entonces, los jugadores armenios jugaban en la selección soviética. Armenia nunca se ha clasificado para la fase final del Mundial, ni de la Eurocopa.

Austria

Organismo: Österreichischer Fußball-Bund
Fundación: 1904
Afiliación FIFA: AND (1905)
Confederación: UEFA (1954)

Esta selección disputó el primer partido internacional jugado entre dos equipos europeos no británicos. Lo hizo en 1902 ante Hungría, cuando ambas naciones formaban todavía parte del Imperio austrohúngaro y la rivalidad entre ellas era enorme.

Austria ha participado en un total de siete copas mundiales. Su mejor clasificación fueron sendos terceros puestos alcanzados en Italia 1934 y Suiza 1954. Asimismo, Austria se había clasificado para el Mundial de Francia 1938, pero su anexión ese mismo año a la Alemania hitleriana (*anschluss*) impidió que pudiese participar.

A nivel continental, Austria ha disputado una sola Eurocopa, la que coorganizó con Suiza en 2008. Pese a jugar en casa, no logró alcanzar la segunda fase del torneo.

Azerbayán

Organismo: Azerbaycan Futbol Federasiyaları
Fundación: 1992
Afiliación FIFA: AZE (1992)
Confederación: UEFA (1994)

De reciente creación, al desmembrarse en 1992 la Unión de Repúblicas Socialistas Soviéticas, la selección de Azerbayán cuenta con un historial muy escaso. Nunca ha participado en la fase final de un Mundial, ni tampoco de una Eurocopa.

Hasta 1992, los futbolistas de origen azerbaiyano jugaban en la Unión Soviética. Por ello, a esta selección le ha sido difícil conformar un bloque competitivo en el ámbito europeo.

El 28 de abril de 2004, con el brasileño Carlos Alberto Torres como entrenador, Azerbaiyán obtuvo su primera victoria como visitante: fue frente a Kazajistán por 2 goles a 3.

Sin embargo, la experiencia de Torres —ex capitán de la selección brasileña y campeón del mundo en 1970— no fue suficiente para potenciar el nivel de la selección azerbaiyana, por lo que fue destituido dos años después de su nombramiento.

La Asociación de Federaciones de Fútbol de Azerbaiyán se encarga de organizar la liga y la copa de ese país, así como los partidos de su selección nacional.

 # Bélgica

Organismo: KBVB/URBSFA
Fundación: 1895
Afiliación FIFA: BEL (1904)
Confederación: UEFA (1954)
Juegos Olímpicos: 1920

La selección belga ha participado en once copas mundiales de las 19 disputadas hasta 2009, por lo que se ha convertido en un participante habitual de este torneo. De hecho, los *diablos rojos* —así llamados por su atuendo— tienen el récord de clasificaciones ininterrumpidas para una Copa Mundial (6 veces entre 1982 y 2002).

Su mayor conquista fue el cuarto puesto alcanzado en México 1986. Cayó entonces en semifinales ante la selección que saldría campeona, Argentina.

El combinado belga ha cosechado buenos resultados también en la Eurocopa. Obtuvo el tercer lugar en 1972 y alcanzó la final en 1980. Asimismo, Bélgica logró el oro en los Juegos Olímpicos celebrados en su país, el año 1920.

Su mejor resultado lo consiguió en 1994, en Bruselas, al derrotar a la selección africana de Zambia por 9 a 0. Su peor goleada se la infligió la selección *amateur* de Inglaterra el 17 de abril de 1909 en Londres (11-2).

Bielorrusia

Organismo: Federación de Fútbol
                       de Bielorrusia
Fundación: 1989
Afiliación FIFA: BLR (1992)
Confederación: UEFA (1993)

Al igual que Armenia, Bielorrusia se independizó de la Unión de Repúblicas Socialistas Soviéticas en 1992. Hasta entonces, los jugadores de origen bielorruso jugaban en la selección soviética.

Su primer partido internacional lo jugó, el 20 de julio de 1992, en Vilna (Lituania). Empató a uno con la selección lituana, república báltica también secesionada de la Unión Soviética. Contra ese mismo equipo, obtuvo Bielorrusia su mejor resultado el 7 de junio de 1998, en Minsk (5-0). Su peor desempeño hasta la fecha fue la goleada encajada ante Austria en Innsbruck, el 11 de junio de 2003 (5-0).

Bosnia-Herzegovina

Organismo: Fudbalski Savez Bosne i Hercegovine
Fundación: 1992
Afiliación FIFA: BIH (1996)
Confederación: UEFA (1996)

La selección de Bosnia-Herzegovina nació en 1995, tras el sangriento desmembramiento de Yugoslavia en la Guerra de los Balcanes. Hasta entonces, los futbolistas bosnios jugaban en la selección yugoslava.

Aunque la Federación de Fútbol de Bosnia y Herzegovina se fundó en 1992, la selección nacional no debutó hasta 1995, al acabar la guerra. En 1996, la FIFA aceptó su incorporación, lo que le permitió disputar las eliminatorias de acceso al Mundial de Francia 1998. Bosnia y Herzegovina disputó su primer partido oficial el 30 de noviembre de 1995, fecha en que cayó derrotada por 0-2 ante Albania.

La primera victoria de Bosnia y Herzegovina se produjo el 6 de noviembre de 1996, en un encuentro amistoso contra Italia que terminó 2-1. Tan sólo cuatro días después, llegaba su primera victoria en partido oficial. Esta vez, batió a Eslovenia por idéntico resultado.

El seleccionado bosnio se quedó a las puertas de acceder a la Eurocopa 2004. Si no se clasificó fue, tan solo, por un gol de diferencia. En su lugar, lo hizo Dinamarca. En la siguiente cita, la fase clasificatoria para el Mundial de 2006, los bosnios confirmaron su progresión. Sin embargo, tampoco lograron clasificarse.

Bulgaria

Organismo: Byłgarski Futbolen Syjuz
Fundación: 1923
Afiliación FIFA: BUL (1924)
Confederación: UEFA (1954)

El conjunto búlgaro debutó en el Mundial de 1962, disputado en Chile. Eliminada casi siempre en primera ronda, ha participado en la fase final de siete ediciones mundialistas.

Bulgaria dio la campanada en 1994, durante el mundial de Estados Unidos. Tras vencer en primera ronda a Argentina, superó en octavos de final a México, y en cuartos a Alemania (la entonces vigente campeona).

La anárquica y talentosa selección de los Stoitchkov, Letchkov, Balakov y Kostadinov cayó en semifinales ante Italia, pero aquélla supuso la mejor participación mundialista de su historia. No en vano, aquella hornada de futbolistas sigue siendo recordada como la generación de oro del fútbol búlgaro.

Bulgaria ha participado dos veces en la Eurocopa, aunque nunca ha pasado de la primera ronda (fase de grupos).

 Rep. Checa

Organismo:	**Ceskomoravský fotbalový svaz**
Fundación:	**1901**
Afiliación FIFA:	**CZE (1907)**
Confederación:	**UEFA (1954)**
Eurocopa:	**1976**
Juegos Olímpicos:	**1980**

Checoslovaquia surge como nación en 1918, al descomponerse el Imperio austrohúngaro tras la Primera Guerra Mundial. Así, la selección de Bohemia, fundada a inicios del siglo XX, pasó a integrarse dentro de la de Checoslovaquia y la FIFA consideró a ésta como su sucesora. Este equipo se granjeó pronto un prestigio internacional. En 1934, alcanzó la final mundialista que, gracias a todo tipo de presiones, se adjudicó la Italia de Mussolini. Años después, en Chile 1962, obtendría de nuevo el subcampeonato tras caer ante el Brasil de Pelé, Vavá, y Garrincha.

En el ámbito europeo, Checoslovaquia conquistó la Eurocopa en 1976. Se impuso a Alemania Federal en una final que concluyó 2 a 2. Llegada la tanda de penaltis, el checo Panenka se jugó el tiro decisivo amagando a un lado y picando el balón suavemente por el centro de la portería. Desde entonces, esa forma de ejecutar la pena máxima recibe su nombre.

En 1993, Checoslovaquia se divide. Su selección finaliza la clasificación mundialista como el Equipo de Checos y Eslovacos. Más tarde, se formarían dos selecciones: República Checa y Eslovaquia. Los checos no volverían a clasificarse para un Mundial hasta 2006. Pero antes habían sorprendido en Inglaterra 1996, cuya final alcanzaron, y en Portugal 2004 (semifinalistas).

 Chipre

Organismo:	**Cyprus Football Association**
Fundación:	**1934**
Afiliación FIFA:	**CYP (1948)**
Confederación:	**UEFA (1962)**

En 1931, durante la ocupación británica de la isla, Chipre organiza su primer campeonato de liga. Tres ediciones más tarde, los clubes chipriotas acuerdan formar un organismo oficial que regule el torneo.

Así, en septiembre de 1934, se funda la Asociación de Fútbol de Chipre que, esa misma temporada 1934-35, impulsó la primera edición oficial del campeonato de liga y de copa.

La federación chipriota obtuvo reconocimiento oficial en 1948, al ser admitida por la FIFA. Un año después, el 23 de julio de 1949, la selección de Chipre jugó su primer encuentro internacional en Israel, que la derrotó por 3-0.

Tras conseguir la independencia del dominio británico, la selección chipriota buscó la clasificación para su primer Mundial, el de 1962. Jugó su primer partido internacional oficial el 23 de noviembre de 1960, en Nicosia. El rival era el mismo, Israel, pero el encuentro acabó esta vez con empate a un gol. No obstante, en el partido de vuelta, cuatro días después, los israelitas golearon a los chipriotas por 6 a 1.

En 1962, la Asociación de Fútbol de Chipre dio un nuevo paso adelante, al ser aceptada como miembro de la UEFA, lo que permitió a los clubes del país disputar las competiciones europeas.

 Croacia

Organismo:	**Hrvatski Nogometni Savez**
Fundación:	**1912**
Afiliación FIFA:	**CRO (1941)**
Confederación:	**UEFA (1992)**

El primer seleccionado croata data de la Segunda Guerra Mundial. En abril de 1941, el ejército alemán invade Yugoslavia y crea el Estado independiente de Croacia. Este país efímero, que duró hasta 1945, contó con su propia selección que jugó tres partidos entre 1940 y 1942.

Reintegrados en Yugoslavia, los futbolistas croatas volverían a jugar en la selección yugoslava hasta 1990. Ese año, Croacia forma de nuevo su propio Estado ante la descomposición de la República Federal Yugoslava y, claro, su propia selección.

Desde 1994, Croacia se ha confirmado como una selección potente. Ha disputado cuatro fases preliminares de la Copa Mundial de Fútbol y se ha clasificado tres veces para la fase final (ha quedado fuera del Mundial de Sudáfrica 2010).

En la Copa Mundial de Fútbol de 1998, el equipo croata irrumpió con jugadores de gran calidad como Simic, Jarni, Boban, y Davor Suker, máximo goleador del torneo con seis dianas. Croacia fue capaz de golear a a Alemania en cuartos, y sólo la campeona, Francia, pudo detener su avance en semifinales (2-1).

En su feudo, los croatas conservan el récord mundial de mayor número de partidos invictos. No habían perdido un partido en casa hasta que, en la fase previa para Sudáfrica 2010, cayeron ante Inglaterra por 1-4.

 Dinamarca

Organismo:	**Dansk Boldspil-Union**
Fundación:	**1889**
Afiliación FIFA:	**DEN (1904)**
Confederación:	**UEFA (1954)**

La selección de Dinamarca ha consolidado su fútbol desde los años ochenta del siglo pasado, lo que ha hecho que se posicione como un equipo respetable en el contexto europeo.

Desde México 86, ha participado en tres copas mundiales. En 1998, el equipo danés llegó hasta cuartos y fue derrotado por el subcampeón, Brasil. En 2002, superó la primera fase como líder de su grupo por delante de Uruguay, Senegal y, sobre todo, de la Francia de Zidane, que acudía a Corea y Japón a defender el título. No obstante, en octavos, Dinamarca cayó ante Inglaterra.

Dinamarca ha participado en siete eurocopas. En 1964 y 1984, los daneses llegaron hasta semifinales. En 1990, un empate al comienzo de la fase clasificatoria ante Irlanda del Norte, en Belfast, lastró sus opciones y, finalmente, impidió que se clasificara para la Eurocopa 1992. Sin embargo, el estallido de la Guerra de los Balcanes provocó la descalificación de Yugoslavia y Dinamarca fue readmitida en el torneo como *lucky loser* («perdedor afortunado»). Nadie esperaba entonces lo que sucedería. El *equipo invitado* pasó como segundo de su grupo, dejando fuera a Francia e Inglaterra. Ya en semifinales, derrotó por penaltis a los Países Bajos y, en la final, Dinamarca dobregó por 2-0 a Alemania, vigente campeona del mundo. Un equipo modesto y dado por muerto se había proclamado así campeón continental.

 Escocia

Organismo:	**Scottish Football Association**
Fundación:	1873
Afiliación FIFA:	SCO (1910)
Confederación:	UEFA (1954)
Juegos Olímpicos:	1900, 1908, 1912

La selección de Escocia es una de las cuatro que componen al Reino Unido, junto a las de Gales, Inglaterra e Irlanda del Norte. Con la inglesa, esta selección es la más antigua de las existentes. Jugó el primer partido internacional de la historia del fútbol, el 30 de noviembre de 1872, contra su vecino inglés.

Deportivamente, su historial es modesto. Ha participado en ocho copas mundiales, pero sin superar nunca la primera ronda. Como parte del equipo del Reino Unido, Escocia logró la medalla de Oro en las Olimpiadas de1908 y 1912.

Su mejor resultado en un partido lo obtuvo el 23 de febrero de 1901, en Glasgow (Escocia). Goleó a otra selección vecina, Irlanda, por 11 a 0. El 19 de junio de 1954, por el contrario, recibió siete goles ante Uruguay en Basilea (Suiza).

Eslovaquia

Organismo:	**Slovenský Futbalový Zväz**
Fundación:	1938
Afiliación FIFA:	SVK (1994)
Confederación:	UEFA (1993)
Eurocopa:	1976

Durante la Segunda Guerra Mundial, la invasión del *Tercer Reich* a Bohemia y Moravia permitió la independencia de Eslovaquia, que se extendió entre 1939 y 1944. En este periodo, nació la primera selección eslovaca, que jugó 14 partidos, sobre todo con selecciones de países del Eje.

Tras la guerra, Eslovaquia se reintegró a Checoslovaquia, cuya selección incorporó, en consecuencia, a los jugadores eslovacos. Checoslovaquia obtuvo el subcampeonato en los mundiales de 1934 y de 1962, así como el título de la Eurocopa en 1976.

Eslovaquia vuelve a ser independiente en 1993. Este hecho se da en plena fase clasificatoria para la Copa Mundial de Fútbol de 1994, de modo que la selección checoslovaca termina el torneo como el Equipo de los Checos y Eslovacos. Posteriormente, esta selección se disolvió, dando origen a las actuales selecciones nacionales: República Checa y Eslovaquia.

Eslovaquia no fue capaz de clasificarse para los mundiales de 1998, 2002 y 2006. Sin embargo, el 14 de octubre de 2009, la selección eslovaca consiguió, por primera vez, superar la fase previa mundialista como líder del grupo 3. Confirmaba así su primera presencia en un torneo internacional, que será el futuro Mundial de Sudáfrica 2010.

Eslovenia

Organismo:	**Nogometna zveza Slovenije**
Fundación:	**1920**
Afiliación FIFA:	**SVN (1992)**
Confederación:	**UEFA (1992)**

La selección de Eslovenia nació, en 1991, tras el desmembramiento de Yugoslavia. Antes de ese hecho, los futbolistas eslovenos jugaban en la selección yugoslava.

Eslovenia jugó su primer partido internacional en Murska Sobota (Eslovenia), el 19 de junio de 1991, contra la selección croata. Perdió 0-1. Se ha clasificado una vez para la Copa mundial de Fútbol (2002) y otra para la Eurocopa (2000). Las dos ocasiones cayó en primera fase.

Su mejor resultado lo obtuvo goleando, como visitante, a la selección de Omán el 8 de febrero de 1999 (7-0).

Estonia

Organismo:	**Eesti Jalgpalli Liit**
Fundación:	**1921-1988**
Afiliación FIFA:	**EST (1923)**
Confederación:	**UEFA (1992)**

El seleccionado de Estonia nació en 1920, luego de la independencia de este país al fin de la Primera Guerra Mundial. Su primer partido internacional, disputado en Helsinki (Finlandia) el 17 de octubre de 1920, arrojó el siguiente resultado: Estonia 0, Finlandia 6.

Sin embargo, en 1940, Estonia fue invadida y anexada por la Unión Soviética. Sólo en 1992, tras la caída del bloque soviético, la selección de Estonia volvió a jugar. Su regreso internacional fue el 3 de junio de 1992 en Tallin (Estonia); empató a uno con Eslovenia. Desde entonces, no se ha clasificado nunca para un Mundial, ni tampoco para la Eurocopa.

Finlandia

Organismo: **Suomen Palloliitto**
Fundación: **1907**
Afiliación FIFA: **FIN (1908)**
Confederación: **UEFA (1954)**

Considerada como una selección modesta dentro del fútbol europeo, Finlandia nunca ha conseguido acceder a una competición internacional. Estuvo cerca de clasificarse para la Eurocopa de 2008. Comenzó con buen pie y, tras catorce jornadas, se encontraba bien situada en la liguilla de acceso, pero tras sufrir algunos reveses, no pudo sellar su clasificación.

Finlandia debutó internacionalmente el 22 de octubre de 1911. Pese a jugar en su estadio de Helsinki, Suecia la derrotó por 5-2. Hasta la fecha, su mejor resultado fue la goleada con la que batió a Estonia por 10 a 2, el 11 de agosto de 1922; su peor desempeño tuvo lugar ante Alemania, que le endosó 13 tantos en un partido disputado en Leipzig (Alemania), el 1 de septiembre de 1940.

Gales

Organismo: **Football Association of Wales**
Fundación: **1876**
Afiliación FIFA: **WAL (1910)**
Confederación: **UEFA (1954)**
Juegos Olímpicos 1900, 1908, 1912

La selección del País de Gales es una de las cuatro selecciones que forman parte del Reino Unido. Un hito fue su participación en la Copa Mundial de Fútbol de 1958. Además, accedió a los cuartos de final, donde cayó ante Brasil.

En 2004, la escuadra galesa estuvo cerca de clasificarse por vez primera para una Eurocopa. Fue segunda, tras Italia, en el grupo 9. Sin embargo, en la repesca Rusia se impuso a domicilio por 0-1.

Gales debutó en Glasgow, el 26 de marzo de 1876, ante Escocia, que la goleó por 4-0. El mejor resultado que esta selección ha logrado hasta la fecha es el 11-0 que le metió a Irlanda del Norte, el 3 de marzo de 1888.

Georgia

Organismo:	**Federación Georgiana de Fútbol**
Fundación:	**1936**
Afiliación FIFA:	**GEO (1992)**
Confederación:	**UEFA (1992)**

Hasta 1990, los futbolistas georgianos jugaban en la selección soviética. Tras la caída de la URSS, Georgia declaró su independencia y, después, formó su propia selección nacional.

Su debut internacional arrojó el siguiente resultado: Georgia 2, Lituania 2. Fue en Tiflis, capital de Georgia, el 27 de mayo de 1990. El mejor resultado que Georgia ha obtenido hasta la fecha es el 7 a 0 que le hizo a Armenia el 30 de marzo de 1997. Su peor registro, en cambio, fue la derrota por 6-1 que sufrió en Copenhague, el 7 de septiembre de 2005, ante Dinamarca.

Grecia

Organismo:	**Ellinikí Podosferikí Omospondia**
Fundación:	**1926**
Afiliación FIFA:	**GRE (1927)**
Confederación:	**UEFA (1954)**

Considerado habitualmente como un equipo de segundo nivel en el ámbito europeo, Grecia sólo se había clasificado una vez para el Mundial (Estados Unidos 1994) y otra para la Eurocopa.

Todo cambió, empero, durante la Eurocopa de Portugal 2004. Bajo la batuta del entrenador alemán Otto Rehhagel, los helenos sorprendieron al mundo. En el partido inaugural del torneo vencieron a Portugal por 2 a 1 y, aún en la primera fase, arrancaron un trabajado empate a España. De ahí en adelante, los resultados se tornaron más y más insólitos, a medida que la modesta selección iba volviéndose un *matagigantes*. En cuartos de final, los griegos vencieron a los defensores del título, Francia, por 1-0. En la semifinal, doblegaron a la República Checa al anotar un gol de plata. Ya en la final, Grecia derrotó por segunda vez al equipo anfitrión con un único gol de Angelos Charisteas. Ese tanto valía una Eurocopa, la primera, su único trofeo internacional hasta hoy.

En julio de 2006, Grecia fue suspendida temporalmente de toda competición internacional auspiciada por la FIFA, al considerar ésta que el Gobierno griego comprometía la independencia de la Federación Helénica de Fútbol. Dicha suspensión fue levantada pocos días después, tras una enmienda del parlamento griego para asegurar que no se contravendrían los estatutos de la FIFA y de la UEFA.

 Hungría

Organismo:	**Magyar Labdarúgó Szövetség**
Fundación:	**1901**
Afiliación FIFA:	**HUN (1907)**
Confederación:	**UEFA (1954)**
Juegos Olímpicos:	**1964, 1968**

Hungría es un país con una gran tradición futbolística. De hecho, en 1902, jugó –ante Austria– el primer partido internacional entre dos selecciones no británicas en Europa.

La selección húngara ha llegado dos veces a la final de la Copa Mundial de Fútbol, en 1938 y en 1954. Sin embargo, desde la década de 1980 ha sufrido un pronunciado declive. Su última participación mundialista data de 1986 y tampoco ha podido clasificarse para la Eurocopa desde 1972, año en que quedó cuarta. A lo largo de su historia, la selección húngara ha contado en sus filas con dos grandes generaciones de futbolistas: la de 1954, con Puskás, Hidegkuti o Sándor Kocsis, y la de la década de 1960, con Albert, Bene y Mészöly.

Hungría llegó a la final de la Copa Mundial de Fútbol de 1954 tras acumular 33 partidos y más de cuatro años sin una derrota. En esa época, los húngaros se paseaban por las canchas del mundo, exhibiendo su riqueza técnica y contundencia, y nadie discutía que eran el mejor equipo del planeta. En la fase final, superaron la primera ronda con 17 goles a favor y 3 en contra. En la final, se volvieron a encontrar con Alemania, a la que habían batido en primera fase por 8 a 3. Contra todo pronóstico, Hungría cayó derrotada por un gol en el minuto 84 (3-2). Desde entonces, aquel equipo extraordinario recibió el apelativo del «campeón sin corona».

Irlanda

Organismo:	**Football Association of Ireland**
Fundación:	**1921**
Afiliación FIFA:	**IRL (1923)**
Confederación:	**UEFA (1958)**

Esta selección surgió en 1920, tras la fundación del Estado Libre de Irlanda. Antes, un único equipo –que debutó en 1882– representaba a toda la isla de Irlanda. Desde la independencia irlandesa, la antigua selección quedó sólo como representante del territorio de Irlanda del Norte, que permaneció adscrito a la corona británica.

Durante varias décadas, ambas selecciones se disputaron a los jugadores de la isla, que eran convocados por unos y otros. De hecho, ni los irlandeses del norte, ni la Irlanda independiente, quisieron renunciar al nombre de «Irlanda». En 1954, la FIFA resolvió la controversia al decidir que ambos equipos fueran llamados oficialmente «Irlanda del Norte» y «República de Irlanda». En español, sin embargo, cuando hablamos de Irlanda, a secas, nos solemos referir a la segunda.

En 1988, Irlanda se clasificó por primera vez para un torneo internacional, la Eurocopa, aunque cayó en primera fase. Vivió entonces sus mejores años, pues en Italia 1990 no sólo llegaría a la fase final, sino que alcanzaría los cuartos. Desde entonces, ha disputado dos mundiales más –1994 y 2002–, pero no pudo pasar de octavos.

Irlanda quedó fuera del Mundial de Sudáfrica 2010 al perder en la repesca contra Francia, luego de un polémico pase de gol de Thierry Henry con la mano. Su federación reclamó la repetición del partido, pero ésta fue denegada por la FIFA el 20 de noviembre de 2009.

Irlanda del Norte

Organismo: Irish Football Association
Fundación: 1880
Afiliación FIFA: NIR (1911)
Confederación: UEFA (1954)
Juegos Olímpicos: 1900, 1908, 1912

Esta selección —que forma parte del Reino Unido junto con Escocia, Gales e Inglaterra— es una de las más antiguas del mundo. Disputó su primer partido en 1882. Perdió 13-0 ante Inglaterra.

Inicialmente, esta selección representó a toda Irlanda pero, en 1920, el sur de la isla se independizó de la corona británica. Desde entonces, el nuevo Estado creó su propio equipo. En 1954, la FIFA llamó «República de Irlanda» al equipo del sur, e «Irlanda del Norte» al otro.

Irlanda del Norte ha participado en tres copas mundiales. Su mejor resultado lo obtuvo en Suecia 1958, donde alcanzó los cuartos de final. No ha vuelto a jugar el Mundial desde 1986 y nunca se ha clasificado para la Eurocopa.

Islandia

Organismo: Knattspyrnusamband Íslands
Fundación: 1947
Afiliación FIFA: ISL (1947)
Confederación: UEFA (1954)

El 17 de julio de 1946, Islandia disputó su primer partido internacional en su capital, Reykjavík. Cayó ante Dinamarca por 0-3. Desde entonces, esta selección —perteneciente a un país de unos 300.000 habitantes— nunca ha logrado clasificarse para un torneo internacional.

Quizás el hecho más notable en su historia fue el que se produjo el 24 de abril de 1996, durante el segundo tiempo del partido que Islandia disputaba en Tallin (Estonia). En ese momento, el delantero Eiður Smári Guðjohnsen entró al campo en sustitución de su padre, Arnór. Era la primera vez en que un padre y un hijo coincidían en un partido internacional. Tal vez sea Eiður Smári Guðjohnsen —aún en activo— el futbolista islandés más exitoso, pues ha pasado por clubes como el Chelsea y el FC Barcelona, y ha anotado 24 goles con su selección.

Islandia logró su mejor resultado al golear por 9-0 a Islas Feroe, el 10 de julio de 1985.

 Islas Feroe

Organismo:	**Fótbóltssamband Føroya**
Fundación:	**1979**
Afiliación FIFA:	**FRO (1988)**
Confederación:	**UEFA (1990)**

Territorio asociado a Dinamarca, la selección de Islas Feroe no fue reconocida oficialmente por la FIFA hasta 1985, si bien venía jugando partidos desde 1930.

Con sólo 50.000 habitantes, las Islas Feroe no han podido consolidar una selección competitiva. Nunca ha accedido a un Mundial, ni tampoco a una Eurocopa. Sin embargo, ha protagonizado algunas sorpresas. Por ejemplo, el 12 de septiembre de 1990, en la fase previa de la Eurocopa 1992, Islas Feroe venció por 1-0 a Austria en Landskrona (Suecia). El 9 de septiembre de 2009, ocho largos años después de su última victoria ante Luxemburgo, esta selección ganó a Lituania por 2 a 1. Además, las Feroe han logrado empatar otros dos partidos internacionales, frente a Escocia y Austria.

Israel

Organismo:	**HaHitakhdut leKaduregel beYisrael**
Fundación:	**1928**
Afiliación FIFA:	**ISR (1929)**
Confederación:	**UEFA (1994)**
Copa Asiática:	**1964**

La Asociación de Fútbol de Israel fue creada en 1928 en el antiguo territorio del Mandato Británico de Palestina, y fue admitida por la FIFA un año más tarde. Bajo el nombre de Palestina, el equipo participó en las fases clasificatorias para las Copas Mundiales de Fútbol de 1934 y 1938.

En 1948, tras la fundación del Estado de Israel, la selección asumió su nombre actual: Palestina-Eretz Israel («Tierra de Israel»). Hoy se usa este término, para distinguirla de la selección que, actualmente, representa a la Palestina árabe.

Afiliada inicialmente a la AFC, Israel albergó la Copa Asiática de 1964, en la que salió campeona. Sin embargo, el conflicto árabe-israelí provocó que Israel fuera expulsada de la AFC en 1974. Desde entonces, participó como miembro asociado de la OFC hasta que, en 1991, fue integrada oficialmente por la UEFA.

Israel ha disputado cuatro veces la Copa Asiática, cuyo podio alcanzó en las cuatro ocasiones. Nunca ha disputado la Eurocopa, y sólo ha podido clasificarse para el Mundial de México 1970. Con todo, en 2006, estuvo a punto de acceder nuevamente al Mundial. Pese a no perder un sólo partido, Israel quedó tercera de su liguilla con los mismos puntos que Francia y Suiza. Entonces, su peor *goal average* los dejó fuera, incluso, de la repesca.

 Kazajistán

Organismo: Unión de Fútbol de Kazajistán
Fundación: 1959
Afiliación FIFA: KAZ (1994)
Confederación: UEFA (2002)

Fundada en 1992, al independizarse este país del poder soviético, la Unión de Fútbol de Kazajistán se integró en la AFC. No obstante, en 2002, decidió incorporarse a la UEFA.

Sin experiencia competitiva, pues hasta entonces los kazajos habían jugado siempre con la selección soviética, la selección de Kazajistán debutó internacionalmente, el 1 de junio de 1992, con victoria ante Turkmenistán.

Su mejor resultado hasta la fecha ha sido la goleada por 7 a 0 ante Pakistán, el 11 de junio de 1997. Su peor desempeño tuvo por resultado: Kazajistán 0, Turquía 6. Este partido se jugó en Almaty (Kazajistán), el 8 de junio de 2005.

Kazajistán no ha jugado nunca la fase final de una Copa Asiática, una Eurocopa o un Mundial.

Letonia

Organismo: Latvijas Futbola Federäcija
Fundación: 1921
Afiliación FIFA: LVA (1992)
Confederación: UEFA (1992)

Entre los tres países bálticos, Letonia presenta la selección más potente. Ha ganado 19 veces la Copa Báltica ante sus vecinos estonios y lituanos. Además, Letonia es el único de estos países que ha podido participar en la fase final de un torneo internacional (la Eurocopa 2004).

El equipo de Letonia nació en 1922, luego de la independencia de este país al acabar la Primera Guerra Mundial. Sin embargo, en 1942, Letonia fue invadida y anexada por la Unión de Repúblicas Socialistas Soviéticas. No fue hasta el desmoronamiento soviético, cuando los jugadores de origen letón volvieron a competir con su propia selección.

Letonia jugó su primer partido internacional en su capital, Riga, el 24 de septiembre de 1922. Lo hizo contra un país hermano, Estonia, con el que empató a uno. En su reaparición tras el dominio soviético, Letonia se enfrentó de nuevo a Estonia en un partido disputado en Klaipeda (Lituania), el 16 de noviembre de 1991. Se impuso a los estonios por 2 a 0.

Su presencia en la Eurocopa de Portugal 2004 fue ya de por sí meritoria para un país de algo más de dos millones de habitantes. Aunque quedó última de su grupo en la primera fase, Letonia se dio el lujo de empatar a cero ante la siempre poderosa Alemania.

Liechtenstein

Organismo: **Liechtensteiner Fussballverband**
Fundación: **1934**
Afiliación FIFA: **LIE (1974)**
Confederación: **UEFA (1974)**

Considerada una de las selecciones más débiles del continente europeo, Liechtenstein es un país de apenas 35.000 habitantes cuya trayectoria internacional es relativamente corta. Su debut oficial no llegó hasta 1982, cuando jugó un encuentro amistoso contra la vecina Suiza, que terminó con derrota por 0-1.

Sin embargo, su estreno internacional aún se hizo esperar. Fue en la fase clasificatoria para la Eurocopa de Inglaterra 1996. Agrupada en la liguilla con Austria, Irlanda del Norte, Irlanda, Letonia y Portugal, Liechtenstein perdió todos sus partidos, a excepción de un meritorio empate a cero contra los irlandeses.

Su debilidad se confirmó en la fase previa del Mundial de 1998, cuando encajó la peor derrota de su historia: un 1-11 que le endosó la selección de Macedonia. El país tendría que esperar a la clasificatoria de la Eurocopa 2000 para lograr su primera victoria internacional. Fue el 14 de octubre de 1998, cuando lograron vencer por 2-1 a Azerbaiyán. Pese a ello, Liechtenstein terminó nuevamente como colista de su grupo.

Siempre procurando evitar que rivales de mayor entidad le pasen por encima, Liechtenstein evitó por primera vez el *farolillo rojo* de su grupo en la previa del Mundial 2006, tras arrancar un histórico empate ante Portugal, vencer dos veces a Luxemburgo e igualar de nuevo con Estonia.

Lituania

Organismo: **Lietuvos Futbolo Federacija**
Fundación: **1922**
Afiliación FIFA: **LTU (1991)**
Confederación: **UEFA (1992)**

La selección de Lituania nació en 1923, luego de la independencia de este país al fin de la Primera Guerra Mundial. Sin embargo, al igual que Letonia, Lituania fue invadida en 1940 y anexada por la URSS. Sólo en 1990, tras la fragmentación de la Unión Soviética, la selección lituana regresó a las competiciones oficiales.

Lituania debutó internacionalmente ante Estonia en Kaunas (Lituania). Perdió por 0 a 5 el 24 de junio de 1923. Su reaparición se celebró ante el mismo rival el 15 de noviembre de 1991, en Klaipeda (Lituania). Esta vez fueron los lituanos quienes golearon por 4-1 a su oponente.

Lituania cosechó su mejor resultado el 20 de mayo de 1995, cuando arrolló otra vez a Estonia en un encuentro disputado en Riga (7-0). En cambio, encajó diez goles ante Egipto el 1 de junio de 1924, en el peor partido de su historia.

Luxemburgo

Organismo: Fédération Luxembourgeoise de Football
Fundación: 1908
Afiliación FIFA: LUX (1910)
Confederación: UEFA (1954)

Con medio millón de habitantes, este pequeño país no ha logrado clasificarse jamás para la fase final de ningún torneo internacional, aunque sí participó en los Juegos Olímpicos de 1920, 1924, 1928, 1936, 1948 y 1952.

Luxemburgo tuvo su gran oportunidad en 1964, cuando estuvo a punto de clasificarse para la Eurocopa. Derrotó entonces, en primera eliminatoria, a Países Bajos (1-1 y 2-1), y luego empató sus dos partidos ante Dinamarca (3-3 y 2-2). Sin embargo, el desempate —y la clasificación cayeron del lado de Dinamarca, que se impuso finalmente por 1 a 0.

Más recientemente, Luxemburgo obtuvo su resultado más meritorio el 10 de septiembre de 2008 en Suiza, país al que venció en Zurich por 2 a 1, en la previa de Sudáfrica 2010.

Rep. Macedonia

Organismo: Federación de Fútbol de Macedonia
Fundación: 1949
Afiliación FIFA: MKD (1994)
Confederación: UEFA (1994)

La selección de la República de Macedonia nació en 1993, tras el desmembramiento de Yugoslavia.

En su corta historia, ya que antes los futbolistas macedonios engrosaban la selección yugoslava, Macedonia no ha podido clasificarse para ningún torneo internacional.

Esta selección debutó internacionalmente con derrota ante Eslovenia, que la goleó por 1-4 en Kranj (Eslovenia) el 13 de octubre de 1993.

Macedonia cosechó su victoria más aplastante el 9 de septiembre de 1996 en Vaduz, al golear al equipo local, Liechtenstein, por 11 a 1. Su peor resultado fue un 0-5 que le hizo Bélgica a domicilio el 8 de junio de 1995.

 Malta

Organismo:	**Malta Football Association**
Fundación:	**1900**
Afiliación FIFA:	**MLT (1959)**
Confederación:	**UEFA (1960)**

Malta es una de las selecciones más débiles del continente europeo y nunca se ha clasificado para la etapa final de ningún torneo internacional. En su trayectoria oficial, sólo ha sido capaz de ganar cuatro partidos. Las dos primeras victorias fueron, en los años 1975 y 1982, por 2-0 y 2-1 frente a Grecia e Islandia. También ganó a Hungría por 2-1 en la previa de la Eurocopa 2008. Fuera de su país, Malta sólo ganó a Estonia (1-0) en la previa para Estados Unidos 1994.

Se recuerda mucho la abultada derrota que España infligió a Malta, el 21 de diciembre de 1983, en Sevilla. *La roja* hizo los doce goles que necesitaba para acceder a la Eurocopa 1984, y la Asociación de Fútbol de Malta se planteó incluso disolver su selección.

 Moldavia

Organismo:	**Federación Moldava de Fútbol**
Fundación:	**1990**
Afiliación FIFA:	**MDA (1993)**
Confederación:	**UEFA (1994)**

Este país nació en 1991, tras la disgregación soviética. Hasta entonces, los jugadores de origen moldavo jugaban en la selección de la URSS.

Con cuatro millones y medio de habitantes, Moldavia no ha logrado clasificarse aún para los Mundiales, ni para la Eurocopa.

Debutó internacionalmente con derrota –por 2 a 4– ante la selección de Georgia, en un partido disputado en Chisinau (Moldavia), el 2 de julio de 1991. Su mejor resultado lo obtuvo al golear a Pakistán (5-0), en un encuentro jugado en Ammán (Jordania) el 18 de agosto de 1992. El 6 de junio de 2001, Moldavia encajó su peor goleada en Gotemburgo (Suecia). Los locales le endosaron seis tantos.

Montenegro

Organismo: Fudbalski savez Crne Gore
Fundación: 1931
Afiliación FIFA: MNE (2007)
Confederación: UEFA (2007)

Hasta 1992, los jugadores de origen montenegrino disputaron partidos internacionales siempre como parte de la selección de Yugoslavia. Ese año, merced a la disgregación de la nación balcánica, el equipo pasó a llamarse selección de la República Federal de Yugoslavia y, de nuevo, en 2002, se renombraría como Serbia y Montenegro.

Montenegro no contó pues con selección propia hasta su independencia, declarada el año 2006. Entonces, el país organizó una nueva federación de fútbol y una nueva selección, y el combinado serbomontenegrino se convirtió en la selección de Serbia. Sin embargo, antes de su disolución, la selección de Serbia y Montenegro aún pudo disputar el Mundial de Alemania 2006.

Montenegro no ha conseguido clasificarse nunca para la Eurocopa, ni para la Copa Mundial.

Noruega

Organismo: Norges Fotballforbund
Fundación: 1902
Afiliación FIFA: NOR (1908)
Confederación: UEFA (1954)

Aunque la Federación Noruega de Fútbol se fundó en 1902, la selección nacional no disputó su primer partido hasta 1908. Lo hizo en Suecia, a invitación del equipo local, que también debutaba así internacionalmente. El encuentro concluyó 11-3, y Noruega no lograría su primera victoria sino diez años más tarde. La década de 1920 trajo nuevos aires al equipo noruego, que eliminó a la gran favorita, Inglaterra, en los Juegos Olímpicos de Amberes. Ya en Berlín 1936, y ante la atónita mirada de Hitler, Noruega dio la campanada al eliminar a la selección alemana y conquistar la medalla de bronce.

Tras medio siglo sin apenas proyección exterior, la selección de Noruega resurgió en los años noventa para vivir una de las mejores etapas de su historia. Logró la clasificación para el Mundial de 1994 —el segundo de su historia—, superando en la fase de clasificación a países como Inglaterra, Polonia o los Países Bajos. Bajo la dirección de Egil Olsen, en octubre de 1993, alcanzó el segundo puesto en el ránking mundial de la FIFA. Sin embargo, en la fase final, no pudo pasar a octavos. Sí lo lograría, en cambio, en Francia 1998. Tras quedar fuera de la Eurocopa de 1996, Noruega se clasificó para este Mundial, donde de nuevo los italianos —por tercera vez en su historia— los expulsaron de una competición.

En el año 2000, Noruega consiguió clasificarse por primera vez para la Eurocopa, pero una carambola de resultados, que favoreció a España, impidió que superara la primera ronda.

 Polonia

Organismo:	**Polski Zwiazek Piłki Noznej**
Fundación:	**1919**
Afiliación FIFA:	**POL (1923)**
Confederación:	**UEFA (1954)**
Juegos Olímpicos:	**1972**

Siete mundiales ha disputado esta selección, que conoció su esplendor entre las décadas de 1970 y 1980, con la participación de futbolistas como Deyna, Lubanski y Grzegorz Lato. Este último resultó máximo goleador de Alemania 1974. Gracias a estos futbolistas, Polonia alcanzó el tercer puesto en los mundiales de 1974 y 1982 y una digna quinta posición en el de 1978. También en sus participaciones olímpicas obtuvo medallas Polonia: oro en 1972, y plata en 1976 y 1992.

Tras dieciséis años de ausencia, Polonia regresó a un Mundial en 2002. Pese a lograr también el acceso a Alemania 2006 y a la Eurocopa 2008, sólo ha completado muy discretas actuaciones. No se ha clasificado para Sudáfrica 2010, y acogerá la Eurocopa de 2012 como coanfitrión.

Portugal

Organismo:	**Federação Portuguesa de Futebol**
Fundación:	**1914**
Afiliación FIFA:	**POR (1923)**
Confederación:	**UEFA (1954)**

La mejor actuación internacional de Portugal coincidió con su primera presencia mundialista, en Inglaterra 1966. Liderada por el legendario Eusébio, los portugueses alcanzaron las semifinales derrotando, entre otros, al equipo que defendía el título, Brasil. Se recuerda mucho la remontada portuguesa en cuartos de final, cuando dieron la vuelta al 3-0 que les había hecho Corea del Norte. Portugal ganó finalmente 3-5 y Eusébio –con nueve dianas– fue designado mejor jugador del torneo.

En 1989, una generación prodigiosa de futbolistas portugueses ganó la Copa Mundial de Fútbol Juvenil. Este equipo, liderado por Luís Figo, Rui Costa y Vítor Baía, revitalizó al plantel mediocre de las décadas previas. En 1996, Portugal alcanzó los cuartos de final de la Eurocopa y, por fin, en 2002 se reencontró con el Mundial. No obstante las expectativas creadas, Portugal cayó en primera fase.

La entrada al equipo de nuevos talentos como Simao, Deco y Cristiano Ronaldo potenció su competitividad. Así, la selección lusa brilló otra vez en la Eurocopa 2004, que estuvo a punto de conquistar como equipo anfitrión. (Cayó derrotada en la final ante Grecia). Cuarenta años después de Eusébio, en el Mundial de 2006, Portugal llegaría otra vez a las semifinales. En puertas de Sudáfrica 2010, esta selección tan bien armada sufriría para clasificarse. Lo hizo en la repesca al derrotar a Bosnia-Herzegovina.

Rumanía

Organismo:	**Federación Rumana de Fútbol**
Fundación:	**1909**
Afiliación FIFA:	**ROU (1923)**
Confederación:	**UEFA (1954)**

Rumanía participó en las tres primeras copas mundiales. Sólo Bélgica, Brasil y Francia pueden decir lo mismo. Hasta la fecha, ha disputado otras cuatro citas mundialistas.

Sólo una vez pasó de octavos de final. Fue en Estados Unidos 1994, cuando el equipo liderado por Gheorghe Hagi —el *Maradona de los Cárpatos*— alcanzó los cuartos de final del torneo, tras doblegar a uno de los candidatos al título, Argentina (3-2). Sin embargo, los penales dieron a Suecia el pase a semifinales e impidieron que los rumanos *se colaran* entre los cuatro mejores equipos del torneo. En la Eurocopa, su mejor participación fue en Bélgica-Países Bajos 2000, donde volvieron a caer en cuartos.

Rusia

Organismo:	**Rossiiski Futbolnyi Soyuz**
Fundación:	**1912-1992**
Afiliación FIFA:	**RUS (1912)**
Confederación:	**UEFA (1954)**
Eurocopa:	**1960**
Juegos Olímpicos:	**1956, 1988**

Rusia se estrenó internacionalmente durante los Juegos Olímpicos de Estocolmo 1912. Tuvo dos años de actividad y prácticamente desapareció hasta que, en 1923, regresó a las canchas bajo el nombre de Unión Soviética.

Como parte central de esta selección, Rusia participó en siete campeonatos mundiales y en siete eurocopas. Su palmarés recoge un título europeo (1960), un Mundial de Fútbol Juvenil (1977), y dos medallas de oro en los Juegos Olímpicos (1956 y 1988).

El equipo ruso renace tras la desintegración de la Unión Soviética, en 1992. La FIFA considera a Rusia como la sucesora natural del antiguo combinado soviético.

El peso de esa tradición competitiva ha atenazado al nuevo combinado que, desde entonces, sólo ha podido clasificarse para los Mundiales de 1994 y 2002, citas en las que cayó a las primeras de cambio.

Más fortuna tuvo en la Eurocopa de 2008, donde alcanzó las semifinales gracias al talento de futbolistas como Andrei Arshavin. En esa fase, se encontró con España que, como había hecho en primera ronda, volvió a golear al conjunto eslavo.

 # San Marino

Organismo: **Federazione Sammarinese Giuoco Calcio**
Fundación: **1931**
Afiliación FIFA: **SMR (1988)**
Confederación: **UEFA (1988)**

Debido al pequeño tamaño del país al que representa, esta selección apenas puede recurrir a 30.000 habitantes para diseñar su plantilla. Por ello, el nivel de sus ligas internas es muy bajo, y también su selección es poco competitiva.

San Marino es una de las selecciones más pobres técnicamente y, también, si se revisan sus resultados. En sus veinte años de historia, el equipo cuenta con una sola victoria. Fue ante otra *micronación* –Liechtenstein– a la que superó mínimamente por 1 a 0, con gol de Andy Selva, el 28 de abril de 2004.

Esta selección ocupa con cero puntos el puesto 203 en el ránking FIFA, empatado con los equipos de Guam, Samoa Americana, Islas Cook, Anguila, Timor Oriental, Montserrat y Aruba.

Los futbolistas de este país juegan, a menudo, en las ligas inferiores italianas. Como curiosidad, San Marino retiene el récord histórico del gol más rápido en un partido internacional. Lo marcó Davide Gualtieri, a los 8 segundos de juego, ante Inglaterra, en la fase previa para el mundial de Estados Unidos 1994.

Serbia

Organismo: **Fudbalski savez Srbije**
Fundación: **1919-2006**
Afiliación FIFA: **SCG (1921)**
Confederación: **UEFA (1954)**

Tras el desmembramiento de Yugoslavia en 1991, los territorios de Serbia y Montenegro se agruparon en torno a la República Federal de Yugoslavia. Heredera de la selección yugoslava, una nueva selección adoptó ese nombre para, finalmente, cambiarlo en 2002 por el de Serbia y Montenegro.

Esta selección no tuvo el éxito de su antecesora, pero sí logró una destacable participación en el Mundial de Francia 1998, donde cayó en octavos ante Países Bajos (2-1).

Tras desastrosas campañas en que quedó fuera del Mundial 2002 y de la Eurocopa 2004, Serbia y Montenegro pareció resurgir clasificándose para Alemania 2006 con un equipo muy sólido defensivamente. De hecho, se convirtió en el plantel menos goleado del mundo.

Sin embargo, el 3 de junio de 2006, Montenegro declaró oficialmente su independencia, Aunque el país de Serbia y Montenegro había desaparecido como tal, la selección se mantuvo para participar en la Copa Mundial, pero allí cayó sin poder superar la primera fase.

Al acabar la Copa Mundial, la selección serbomontenegrina fue disuelta. Como su heredera quedó la selección de Serbia. Por su parte, Montenegro creó su propia federación y, por ende, una nueva selección. El hecho se consumó el 28 de junio de 2006.

 # Suecia

Organismo: Svenska Fotbollförbundet
Fundación: 1904
Afiliación FIFA: SWE (1904)
Confederación: UEFA (1954)
Juegos Olímpicos: 1948

Con once participaciones, Suecia es una presencia habitual en los mundiales. Su mejor puesto lo alcanzó, como anfitriona, en 1958, cuando jugó la final. Además, ha conseguido el tercer lugar dos veces: en Brasil 1950 y Estados Unidos 1994. Su mejor participación en la Eurocopa también tuvo como escenario su propio país: alcanzaron las semifinales en el torneo que organizaban, en 1992. Por fin, Suecia fue campeón olímpico de fútbol en 1948.

 # Suiza

Organismo: Schweizerischer Fussballverband
Fundación: 1895
Afiliación FIFA: SUI (1904)
Confederación: UEFA (1954)

Los máximos logros internacionales de Suiza consisten en haber conseguido llegar a octavos de final en los mundiales de 1994 y 2006. En esta última cita, el equipo helvético fue eliminado sin recibir un solo gol en los cuatro partidos que jugó. De este modo, Suiza se convirtió en el único equipo cuya puerta no ha sido batida en la historia de la Copa Mundial de Fútbol. En el apartado de títulos, logró ganar el Mundial Sub-17 de Nigeria 2009, doblegando por 1-0 al anfitrión.

Turquía

Organismo:	**Türkiye Futbol Federasyonu**
Fundación:	**1923**
Afiliación FIFA:	**TUR (1923)**
Confederación:	**UEFA (1962)**

Con una única presencia previa en 1954, Turquía llegó a la Copa Mundial de Fútbol de 2002 sin apenas experiencia mundialista.

A pesar de ello, se clasificó en primera fase, no sin dificultades, para eliminar luego a Japón y Senegal. Sólo Brasil, en semifinales y camino del título, pudo sacarla de la carrera mundialista. Obtuvo entonces el tercer puesto, tras derrotar a Corea del Sur en la lucha por el podio.

Turquía también alcanzó las semifinales europeas en Austria-Suiza 2008. La detuvo entonces otra campeona mundialista, Alemania.

Ucrania

Organismo:	**Federatsiya Futbolu Ukrayiny**
Fundación:	**1991**
Afiliación FIFA:	**UKR (1992)**
Confederación:	**UEFA (1992)**

El seleccionado de Ucrania nació en 1992, al independizarse este país de la Unión de Repúblicas Socialistas Soviéticas. Hasta entonces, Ucrania era uno de los territorios soviéticos que más jugadores de talento aportaba a la selección roja. Algunos de esos jugadores, como Andréi Kanchelskis o Víktor Onopko, prefirieron seguir jugando en el equipo de Rusia, sucesor oficial de la antigua URSS, en lugar de incorporarse a la selección ucraniana.

Ucrania es una de las selecciones más importantes de la antigua Unión Soviética. Uno de los mejores jugadores del mundo, Andriy Shevchenko, forma parte de esta selección; sin embargo, su presencia no ha podido evitar la constante eliminación de su equipo en las clasificatorias a diversos torneos internacionales.

Una excepción a esta norma supuso la brillante clasificación de Ucrania para Alemania 2006. Fue el primer equipo en lograrla después de imponerse sin problemas, en la liguilla previa, a Grecia y Dinamarca. El sorteo le deparó disputar la primera fase del Mundial en el Grupo H, junto a España, Arabia Saudí y Túnez. Pese a su irregular desempeño, logró llegar a cuartos de final tras derrotar a Suiza en los penaltis. En esa eliminatoria, los ucranianos se toparon con la futura campeona –Italia– que les goleó por 3 a 0. No clasificada para el Mundial de Sudáfrica, sí estará en la Eurocopa 2012, en calidad de coanfitriona junto a Polonia.

Sudamérica

La Confederación Sudamericana de Fútbol (CONMEBOL) agrupa a las asociaciones nacionales de fútbol en América del Sur. Fundada el 9 de julio de 1916, fue la primera confederación del mundo en crearse, casi 40 años antes que cualquier otra. Asociada a la FIFA, los equipos de esta confederación han conquistado nueve veces la Copa Mundial, algo que sólo iguala la UEFA.

En 1916, con motivo del centenario de la independencia de la República Argentina, el Ministerio de Relaciones Exteriores de ese país cursó invitaciones a las federaciones de Brasil, Chile y Uruguay para disputar un torneo de «*football*» como parte de los festejos. Todas las delegaciones concurrieron al llamado del Campeonato Sudamericano, que se adjudicó Uruguay mediante el sistema de liguilla.

Antecesor directo de la Copa América, que se instituiría un año más tarde, aquel Campeonato Sudamericano adquirió una enorme repercusión. Así, durante su disputa, el dirigente uruguayo Héctor Rivadavia Gómez encontró el contexto ideal para materializar un viejo sueño personal: crear la Confederación Sudamericana de Fútbol.

El 9 de julio de 1916, fecha exacta en que se cumplía un siglo de la Independencia Argentina, dirigentes de ese país, Brasil, Chile y Uruguay se reunieron en Buenos Aires para estudiar la idea integradora de Rivadavia Gómez. Acordaron entonces fundar la CONMEBOL, a condición de que así lo aprobaran sus respectivas asociaciones nacionales. Como colofón, pocos meses más tarde, lo acordado se ratificaba en Montevideo. Compuesta inicialmente por las asociaciones de Argentina, Brasil, Chile y Uruguay, éste fue

el orden en que el resto de asociaciones del continente se incorporaron a la CONMEBOL: Paraguay (1921), Perú (1925), Bolivia (1926), Ecuador (1927), Colombia (1936) y Venezuela (1952). En cambio, las asociaciones de Guyana, Surinam y Guayana Francesa prefirieron adherirse a la Confederación de Norteamérica, Centroamérica y el Caribe (CONCACAF).

En su congreso de 1990, la CONMEBOL modificó sus estatutos para fijar la sede permanente de la institución en la ciudad de Asunción, capital del Paraguay. El 23 de enero de 1998 se inauguró el imponente edificio que alberga la nueva sede, ubicada en el distrito de Luque, Gran Asunción.

Las competiciones más importantes que organiza la CONMEBOL son la Copa América de selecciones y la Copa Libertadores de clubes. Además, convoca la Recopa Sudamericana y la Copa Sudamericana.

Los equipos sudamericanos mejor situados en el ránking FIFA fueron, a fines de 2009, Brasil (puesto 2), Argentina (8), Chile (15), Uruguay (20) y Paraguay (29). Brasil es, de hecho, la selección más brillante de la historia del fútbol, la única que ha logrado el *pentacampeonato* mundialista. En Sudamérica sólo dos selecciones más han conquistado la Copa Mundial: Argentina, que lo hizo en 1978 y 1986, y Uruguay, que lo consiguió en 1930 y 1950.

Sin embargo, Brasil no ha logrado imperar nunca en el palmarés de la Copa América, dominado por los catorce títulos de Argentina y los otros catorce de Uruguay. Hasta 2010, Brasil sólo fue capaz de conquistarla ocho veces.

COLOMBIA

VENEZUELA

ECUADOR

PERÚ

BOLIVIA

BRASIL

PARAGUAY

CHILE

URUGUAY

ARGENTINA

Argentina

Organismo:	**Asociación de Fútbol Argentino**
Fundación:	**1893**
Afiliación FIFA:	**ARG (1912)**
Confederación:	**CONMEBOL (1916)**
Copa del Mundo:	**1978, 1986**
Copa América:	**1910, 1921, 1925, 1927, 1929, 1937, 1941, 1945, 1946, 1947, 1955, 1957, 1991, 1993**
Juegos Olímpicos:	**2004, 2008**

Argentina jugó su primer partido internacional el 16 de mayo de 1901, en Montevideo. Venció a la selección uruguaya por 3 a 2.

Desde entonces, se ha erigido en una de las selecciones más laureadas del fútbol mundial. Junto a Francia, es la única que ha ganado la Copa Mundial, los Juegos Olímpicos, la Copa Confederaciones, y la copa de su confederación respectiva (en su caso, la Copa América).

Todos estos títulos convierten a Argentina en el equipo con el palmarés más amplio del mundo, si se suman todos los torneos organizados por la FIFA y la CONMEBOL.

Ha sido dos veces campeona de la Copa Mundial de Fútbol (1978 y 1986) y finalista en otras dos ocasiones (1930 y 1990). Sin embargo, es quizá en la Copa América donde mejor se ha desenvuelto. La ha conquistado catorce veces, registro sólo igualado por Uruguay. Además, es la selección que más subcampeonatos logró en dicha competición, con doce.

En 1992, el equipo argentino ganó la Copa FIFA Confederaciones. En 1995 y en 2005, disputó la final de dicho torneo, pero no fue capaz de superar a Dinamarca y Brasil, respectivamente.

Como selección olímpica, Argentina obtuvo la medalla de oro en los juegos de 2004 y 2008. Ganó la medalla de plata en 1928 y en 1996. A su vez, la selección juvenil Sub-20 ha dominado la Copa Mundial de la categoría, con seis títulos en 1979, 1995, 1997, 2001, 2005 y 2007. Además, fue finalista en 1983.

En marzo de 2007, la albiceleste alcanzó por primera vez la cabeza del ránking FIFA. Tras un breve reinado de Italia, en octubre del mismo año, Argentina volvió a encabezarlo.

Grandes jugadores han pasado por esta selección, entre los cuales brilla por encima de los demás el volante Diego Armando Maradona (1960). Considerado como una estrella, *el Pelusa* fue elegido como mejor jugador del siglo mediante una votación realizada, el año 2000, en el sitio web de la FIFA. Su gol a Inglaterra, en los cuartos de final de México 1986, además de una especie de venganza nacional por la Guerra de las Malvinas, fue uno de los más bellos que se han marcado en la historia del fútbol.

Otros grandes futbolistas argentinos fueron, en diferentes épocas, Stábile, Pasarella, Bochini o Kempes. Javier Zanetti es el futbolista que más partidos internacionales ha disputado con la camiseta albiceleste (136), en tanto Gabriel Omar Batistuta es el máximo goleador argentino con 56 dianas en 78 partidos.

Brasil

Organismo:	**Confederação Brasileira de Futebol**
Fundación:	**1914**
Afiliación FIFA:	**BRA (1923)**
Confederación:	**CONMEBOL (1916)**
Copa américa:	**1919, 1922, 1949, 1989, 1997, 1999, 2004, 2007**
Copa del Mundo:	**1958, 1962, 1970, 1994, 2002**

No hay otra selección que haya conquistado tantos mundiales como la brasileña. Además de no haber faltado nunca en las fases finales de este torneo, Brasil es el único equipo del mundo que lo ha ganado cinco veces.

Esta selección disputó el primer partido de su historia el 20 de septiembre de 1914 en Buenos Aires. Argentina se impuso por 3 a 0, inaugurando una rivalidad que no tendría parangón entre los equipos sudamericanos.

Muy temprano, Brasil comenzó a destacarse como una gran potencia futbolística. Con un juego repleto de fantasía, creatividad y talento, la *verde amarela* esperaba adjudicarse el Mundial de 1950, que se celebraría en su propio país. Ya en 1938, antes de la guerra, había logrado un prometedor tercer puesto.

Sin embargo, en la final, disputada ante 200.000 personas en el Estadio Maracaná (Río de Janeiro), Uruguay tuvo el temple para remontar un gol en contra y alzarse con el triunfo en casa de su rival. Este suceso, que supuso un verdadero mazazo para los seguidores locales y una especie de tragedia nacional, pasó a recordarse como el *maracanazo*.

En 1958, Brasil se reconciliaría con el torneo que se le había escapado de los dedos. En Suecia, consiguió su primer título mundialista, hazaña que repetiría cuatro años más tarde en Chile. Fueron los primeros lances de un jovencísimo debutante, Pelé (1940), que andando los años sería considerado como uno de los mejores futbolistas de la historia. Arropándolo, se encontraban jugadores de nombre mítico: Garrincha, Didi, Vavá, Zagallo.

El tercer título mundial llegó en 1970, de la mano de un Pelé ya maduro. Una nueva generación de futbolistas brasileños lo rodeaba ahora, para conformar uno de los mejores equipos de la historia con, entre otros, Pelé, Carlos Alberto, Rivelino, Tostão y Jairzinho.

Debieron pasar 24 años para que este equipo ganara su cuarto campeonato. No fue por falta de talento, pues en los 80 la selección encabezada por Zico y Sócrates bien pudo haber merecido el título, pero siempre se quedaron a las puertas. Jugaban mejor que nadie, pero no daban con la clave para llegar a las finales.

Así se llegó a Estados Unidos 1994. Con un equipo *a la europea,* Brasil derrotó a Italia en los penaltis, tras una de las finales más sosas de la historia del Mundial. Al fin, Brasil se convirtió en *pentacampeón* en Corea-Japón 2002, luego de vencer en la final a Alemania por 2 a 0.

Uruguay

Organismo: Asociación Uruguaya de Fútbol
Fundación: 1900
Afiliación FIFA: URU (1923)
Confederación: CONMEBOL (1916)
Copa del Mundo: 1930, 1950
Copa América: 1916,1917, 1920, 1923, 1924, 1926, 1935, 1942, 1956, 1959, 1967, 1983, 1987, 1995
Juegos Olímpicos: 1924, 1928

Pese a no contar desde hace años como candidato al título mundial, Uruguay es una de las selecciones de pasado más glorioso. Con una población de apenas tres millones de habitantes, ha conquistado 19 títulos internacionales oficiales.

Como pionero de este deporte, Uruguay jugó el primer partido internacional disputado fuera de las islas Británicas. Se celebró el 16 de mayo de 1901 en Montevideo, y enfrentó a esta selección con la argentina, que venció por 3 a 2.

Uruguay vistió por primera vez la camiseta celeste el 15 de agosto de 1910. Poco después, cosecharía su primer título internacional al vencer en la Copa Sudamericana de 1916, antecedente de la actual Copa América.

Fueron los años dorados del fútbol uruguayo. El pequeño país sudamericano conquistaba Europa con su selección, que en los Juegos de 1924 y 1928 se alzó con el oro olímpico.

Durante 76 años, Uruguay fue el único país sudamericano en conocer el oro olímpico. Actualmente, comparte este honor con Argentina que igualó la hazaña uruguaya en los Juegos Olímpicos de Atenas 2004 y Pekín 2008.

Como bicampeón olímpico, Uruguay fue elegido para celebrar el primer Mundial de Fútbol, en 1930. Como anfitrión, derrotó 4 a 2 a Argentina en la final y se alzó como el primer campeón mundial de este deporte.

El escritor uruguayo Juan Sasturain dejó escrito sobre aquel triunfo: «Los uruguayos llevarán siempre consigo la gloria y la desgracia de haber sido; los argentinos, por años, la soberbia maldición de creerse lo que nunca pudieron demostrar que fueron».

Cuando los años de gloria parecían haber pasado de largo, dos décadas después, Uruguay culminaría una de las hazañas más recordadas de la historia del balompié. Todo estaba dispuesto para la coronación de la selección anfitriona –Brasil–, cuando los *charrúas* darían la vuelta al marcador ante 200.000 seguidores rivales y se impondrían en la final del Mundial de Brasil 1950.

Nunca olvidarán los aficionados uruguayos el gol de Ghiggia a once minutos del final, ni el cerebro futbolístico de *Pepe* Schiaffino, considerado uno de los mejores futbolistas sudamericanos del siglo XX.

No le han faltado jugadores de talento al fútbol uruguayo. Además de los mencionados, más recientemente, en las décadas de 1980 y 1990, ha marcado una época Enzo Francescoli. Apodado *el príncipe,* este centrocampista es el único uruguayo que fue incluido por Pelé en su lista FIFA 100 de los mejores futbolistas de la historia. Tras triunfar en el River Plate de Argentina, Francescoli dio el salto a Europa, donde militó en clubes de la talla del Olympique de Marsella o del Torino. Por entonces, uno de sus admiradores más conocidos fue Zinedine Zidane, quien llamaría Enzo a uno de sus hijos, en homenaje a Francescoli.

Relegada a un segundo plano, hace años que la selección uruguaya no brilla en un Mundial. Su

última clasificación de mérito la alcanzó en el campeonato de 1970, cuando quedó cuarta. Tras no clasificarse para Alemania 2006, sí estará en Sudáfrica 2010.

En el ámbito continental, Uruguay comparte con Argentina el mayor número de títulos en la Copa América; ambos ostentan catorce, seguidos de lejos por los ocho de Brasil.

Su último triunfo en la Copa América se produjo en Montevideo, el 22 de julio de 1995, al vencer a Brasil —entonces vigente campeona del mundo— en la tanda de penaltis.

Otras selecciones sudamericanas

 ## Bolivia

Organismo:	**Federación Boliviana de Fútbol**
Fundación:	**1925**
Afiliación FIFA:	**BOL (1926)**
Confederación:	**CONMEBOL (1926)**
Copa américa:	**1963**

Tres veces ha participado Bolivia en la fase final de un Mundial: 1930, 1950 y 1994. Las dos primeras por invitación, y la última por méritos propios, tras completar una excelente fase previa en que llegó a derrotar a Brasil, que llevaba 40 años invicto en fases clasificatorias. Bolivia gozó en los años noventa de la mejor generación de jugadores de su historia –Sánchez, Etcheverry, Baldivieso, Melgar–, bien dirigidos esta vez por un entrenador atípico, el vasco Azkargorta, al que apodaron *el Bigotón*. Pese a caer en primera fase, los bolivianos no olvidarán aquel partido inaugural que los enfrentó al campeón, Alemania, en Estados Unidos 1994. Tres años después, como anfitriona de la Copa América, Bolivia estuvo a punto de ganar ese título por segunda vez, pero perdió la final ante Brasil (1-3).

 ## Chile

Organismo:	**Federación de Fútbol de Chile**
Fundación:	**1895**
Afiliación FIFA:	**CHI (1913)**
Confederación:	**CONMEBOL (1916)**

Fundada en 1895, la selección de fútbol de Chile es una de las más antiguas del mundo. Debutó internacionalmente en 1910 y ha participado en siete copas mundiales.

Su máximo logro fue alcanzar el tercer lugar durante el Mundial de 1962, que organizó como país anfitrión. Años antes, en Uruguay 1930, ya había cosechado un meritorio quinto puesto.

En el ámbito continental, Chile ha sido subcampeón de la Copa América en cuatro ocasiones (1955, 1956, 1979 y 1987), pero nunca ha tenido la fortuna de ganarla. En el ámbito olímpico, este país obtuvo una medalla de bronce en Sidney 2000. Actualmente se encuentra clasificado para la Copa Mundial de Fútbol de 2010.

Colombia

Organismo: Federación Colombiana de Fútbol
Fundación: 1924
Afiliación FIFA: COL (1936)
Confederación: CONMEBOL (1936)
Copa américa: 2001

Colombia ha estado cuatro veces en los Mundiales. Tras ser eliminada rumbo a Sudáfrica 2010, cumple doce años sin asistir a ese torneo. Su mayor logro fue la Copa América 2001, que organizó como local. Colombia dio su mejor generación de jugadores en los años noventa, lo que propició su clasificación para los mundiales de Italia 1990 y Estados Unidos 1994. Para esta última cita, se la llegó a barajar incluso como aspirante al título. Persistía la impresión dejada por el equipo cafetalero que, liderado por Carlos Valderrama, había goleado en la previa a Argentina (0-5). Sin embargo, buena parte de las opciones del mejor equipo colombiano de la historia se desbarataron con un autogol de Andrés Escobar ante Estados Unidos. De regreso a Medellín, tras caer en primera fase, el defensa colombiano fue trágicamente asesinado.

Ecuador

Organismo: Federación Ecuatoriana de Fútbol
Fundación: 1967
Afiliación FIFA: ECU (1926)
Confederación: CONMEBOL (1927)

Una especie de maleficio quiso separar a esta selección de la Copa Mundial durante muchos años. En 1930, los organizadores del primer Mundial invitaron a Ecuador, pero su federación rehusó acudir para no tener que aportar ningún dinero. Sólo 72 años más tarde podría Ecuador debutar en un Mundial.

La selección de Ecuador participó por primera vez en una Copa Mundial el año 2002, tras haber obtenido sorpresivamente el segundo lugar de la ronda clasificatoria sudamericana. Mucho antes, había tenido una buena oportunidad de clasificarse para Inglaterra 1966, pero cayó en el partido de desempate ante Chile.

En 2006, Ecuador repitió clasificación mundialista. Entonces la selección ecuatoriana venció a Polonia y a Costa Rica, pasando como segunda de grupo detrás del anfitrión, Alemania. Era la primera vez que llegaba a octavos; en un partido muy disputado, Inglaterra acabó entonces con su aventura mediante un gol de David Beckham.

En el ámbito continental, Ecuador es, junto con Chile y Venezuela, la única selección sudamericana que no ha ganado nunca la Copa América. En la historia reciente, su mejor resultado lo obtuvo en 1993, con un cuarto lugar.

 # Paraguay

Organismo:	**Asociación Paraguaya de Fútbol**
Fundación:	**1906**
Afiliación FIFA:	**PAR (1925)**
Confederación:	**CONMEBOL (1921)**
Copa américa:	**1953, 1979**

La albirroja, como es conocida familiarmente esta selección, estuvo presente en siete de las dieciocho ediciones de la Copa Mundial de Fútbol. Fueron las de 1930, 1950, 1958, 1986, 1998, 2002 y 2006. La fase más elevada a la que ha podido acceder en este torneo es la de octavos de final, meta alcanzada en los mundiales de México 1986, Francia 1998 y Corea-Japón 2002. En 2009, se clasificó para tomar parte en Sudáfrica 2010, que será el octavo mundial de su historia y el cuarto de forma consecutiva.

Por otro lado, Paraguay participó 33 veces en la Copa América. La conquistó en 1953 y 1979, tras derrotar en sendas finales a las selecciones de Brasil y Chile, respectivamente. Asimismo, este equipo obtuvo el subcampeonato cinco veces: en 1922, 1929, 1947, 1949 y 1963. En marzo de 2001, Paraguay alcanzó el 8.° puesto del ránking FIFA, su mejor posición hasta la fecha.

 # Perú

Organismo:	**Federación Peruana de Fútbol**
Fundación:	**1922**
Afiliación FIFA:	**PER (1924)**
Confederación:	**CONMEBOL (1925)**
Copa américa:	**1939, 1975**

Tras su debut internacional en 1927, Perú ha participado en cuatro ediciones de la Copa Mundial de Fútbol.

Los mejores años de esta selección coincidieron con la década de 1970, cuando alcanzó en dos ocasiones (México 70 y Argentina 78) los cuartos de final del torneo. Además, entre ambas fechas, en 1975, Perú conquistaba la Copa América por segunda vez en su historia.

Sumida en una prolongada decadencia, esta selección no ha vuelto a meterse en un mundial desde aquel que disputó en España 1982. No sólo ha quedado fuera de Sudáfrica 2010, sino que además ha acabado la liguilla previa como último clasificado, luego de que una parte de sus jugadores se insubordinaran. En Copa América, Perú lleva diez años cayendo en cuartos.

Venezuela

Organismo:	**Federación Venezolana de Fútbol**
Fundación:	**1926**
Afiliación FIFA:	**VEN (1952)**
Confederación:	**CONMEBOL (1952)**

En un país donde béisbol y baloncesto son los deportes de masas, la selección venezolana de fútbol ha sido considerada, durante muchos años, *la cenicienta* del subcontinente sudamericano.

La fundación de la actual Federación fue tardía (1951) y accidentada, lo que le impidió competir internacionalmente hasta mediados de los años 60. Conocida coloquialmente como *la vinotinto*, Venezuela es el único país de la CONMEBOL que aún no ha participado en una Copa Mundial de Fútbol. También es, junto a Chile y Ecuador, uno de los pocos equipos que aún no ha conseguido conquistar la Copa América.

A pesar de no haber logrado clasificarse para el Mundial de Sudáfrica 2010, desde comienzos del siglo XXI Venezuela viene mostrando síntomas claros de progreso futbolístico. Cada fase previa que se sucede, su número de puntos va en aumento y ya no resulta ridiculizada como *farolillo rojo* de su grupo.

Aunque no sea suficiente para poder clasificarse, Venezuela se va volviendo una selección *seria* cuyo porcentaje de partidos ganados ha crecido de un 20% en 1999, hasta un 38% en 2009. Reflejo de ello, en abril de 2004, alcanzó su mejor posición en el ránking FIFA (puesto 48).

África

La Confederación Africana de Fútbol (CAF) reúne a las asociaciones nacionales de fútbol existentes en África. Fue fundada en 1957 y su sede central se encuentra en las afueras de El Cairo (Egipto). Es la máxima autoridad de este deporte en el continente y permanece afiliada a la FIFA.

Un total de 53 selecciones pertenecen, en representación de los Estados independientes de África, a la CAF. A 1 de febrero de 2010, los primeros equipos africanos en el ránking FIFA eran Egipto (puesto 10), Nigeria (15), Camerún (20), Costa de Marfil (22) y Ghana (29). Egipto es, precisamente, la nación que más Copas Africanas ha ganado (7), seguida por Camerún y Ghana (4), Nigeria y República del Congo (2).

Considerado un territorio futbolísticamente emergente, África acogerá en 2010 el primer mundial de su historia. Se celebrará en Sudáfrica del 11 de junio al 11 de julio.

El continente está subdividido en seis zonas geográficas. Cada una de ellas cuenta con su propio consejo, a modo de *sub-confederaciones*:

- **Zona norte:**
  - Argelia
  - Egipto
  - Libia
  - Marruecos
  - Túnez
- **Zona oeste A:**
  - Cabo Verde
  - Gambia
  - Guinea
  - Guinea-Bissau
  - Liberia
  - Malí
  - Mauritania
  - Senegal
  - Sierra Leona

- **Zona oeste B (UFOA):**
  - Benín
  - Burkina Faso
  - Camerún
  - Costa de Marfil
  - Ghana
  - Níger
  - Nigeria
  - Togo
- **Zona central (UNIFAC):**
  - Chad
  - Rep. del Congo
  - Gabón
  - Guinea Ecuatorial
  - Rep. Centroafricana
  - Rep. Dem. Congo
  - Sto. Tomé y Príncipe
- **Zona centro este (CECAFA):**
  - Burundi
  - Eritrea
  - Etiopía
  - Kenia
  - Ruanda
  - Somalia
  - Sudán
  - Tanzania
  - Uganda
  - Yibuti
- **Zona sur (COSAFA):**
  - Angola
  - Botsuana
  - Comoras
  - Lesoto
  - Madagascar
  - Malaui
  - Mauricio
  - Mozambique
  - Namibia
  - Seychelles
  - Sudáfrica
  - Suazilandia
  - Zambia
  - Zimbabue

CABO VERDE

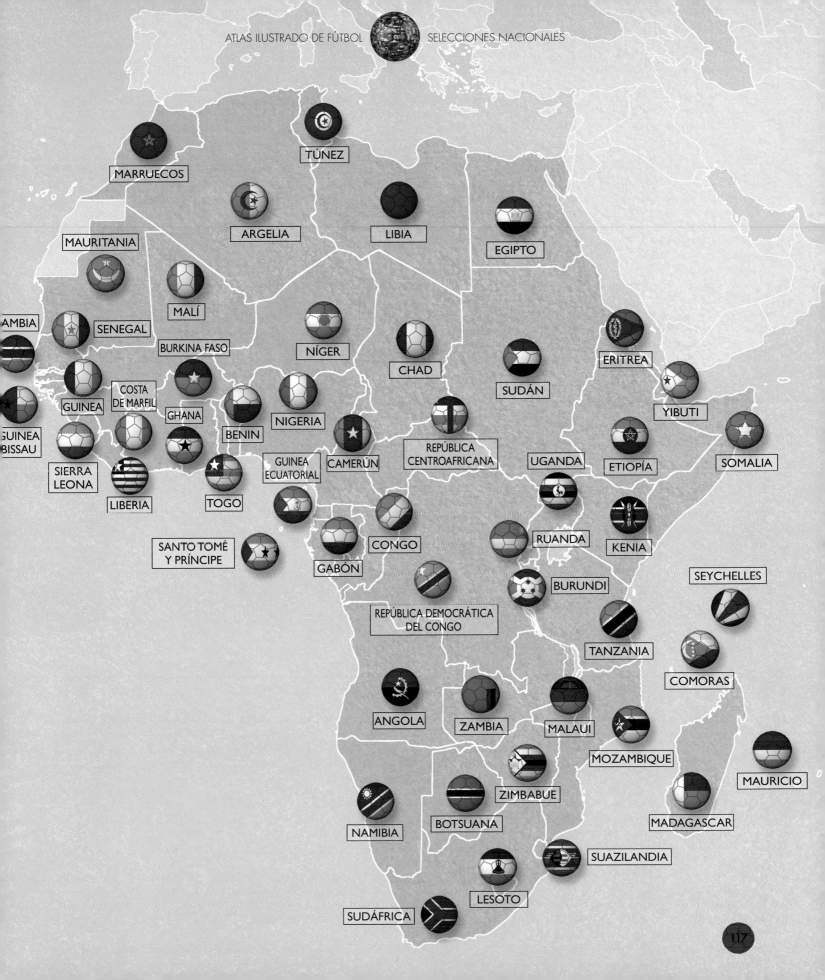

MARRUECOS

TÚNEZ

MAURITANIA

ARGELIA

LIBIA

EGIPTO

MALÍ

AMBIA

SENEGAL

BURKINA FASO

NÍGER

CHAD

SUDÁN

ERITREA

GUINEA

COSTA
DE MARFIL

GHANA

NIGERIA

BENIN

YIBUTI

GUINEA
BISSAU

SIERRA
LEONA

LIBERIA

TOGO

GUINEA
ECUATORIAL

CAMERÚN

REPÚBLICA
CENTROAFRICANA

UGANDA

ETIOPÍA

SOMALIA

SANTO TOMÉ
Y PRÍNCIPE

GABÓN

CONGO

RUANDA

KENIA

SEYCHELLES

BURUNDI

REPÚBLICA DEMOCRÁTICA
DEL CONGO

TANZANIA

COMORAS

ANGOLA

ZAMBIA

MALAUI

MOZAMBIQUE

MAURICIO

NAMIBIA

BOTSUANA

ZIMBABUE

MADAGASCAR

SUAZILANDIA

LESOTO

SUDÁFRICA

ÁFRICA • I. Zona norte

 Argelia

Organismo:	**Fédération Algérienne de Football**
Fundación:	**1962**
Afiliación FIFA:	**ALG (1964)**
Confederación:	**CAF (1964)**
Copa Africana:	**1990**

Argelia ha jugado dos fases finales del Mundial, las de los años 1982 y 1986. Como anfitrión de la Copa Africana de Naciones, se adjudicó este torneo en 1990.

Argelia tuvo un amargo debut mundialista. Tras ganar a Alemania (2-1) en España 1982, su pase a octavos dependía de lo que los alemanes lograran en su último choque ante Austria. El 1-0 clasificaba a ambos países hermanos y así sucedió, entre los gritos de «¡tongo!» del público de El Molinón (Gijón). Desde entonces, la FIFA programa a la vez los últimos partidos de fase.

En 2010, Argelia volverá a un mundial tras 24 años de ausencia. Para lograrlo, eliminó a Egipto, vigente campeón africano, en el encuentro de desempate. En su tercera participación, intentará superar —por primera vez— la ronda inicial donde jugará con Inglaterra, Estados Unidos y Eslovenia.

 Egipto

Organismo:	**Egyptian Football Association**
Fundación:	**1921**
Afiliación FIFA:	**EGY (1923)**
Confederación:	**CAF (1957)**
Copa Africana:	**1957, 1959, 1986, 1998. 2006, 2008, 2010**

Pionero del fútbol africano, Egipto fue el primer representante de dicho continente en participar en la Copa Mundial de Fútbol (la de 1934). Sólo ha podido disputarla una vez más, en 1990, y nunca ha pasado de primera fase.

Con todo, su palmarés es uno de los más cuajados de África. Ha ganado siete veces la Copa Africana de Naciones, tres de ellas consecutivamente en 2006, 2008 y 2010.

Entre 1958 y 1961, esta selección recibió el nombre de República Árabe Unida, producto de su unión política con Siria durante ese lapso.

Libia

Organismo: Libyan Arab Jamahiriya Football Federation
Fundación: 1962
Afiliación FIFA: LBY (1963)
Confederación: CAF (1963)

Jamás ha participado Libia en un Mundial. El mejor logro de su historia fue el subcampeonato en la Copa Africana de Naciones 1982, celebrada precisamente en Libia. Ghana se impuso a los anfitriones en la tanda de penaltis (7-6).

Desde entonces, poco que destacar. Libia estuvo a una victoria de clasificarse para México 1986, pero no lo consiguió. Sí pudo disputar la Copa Africana 2006, pero en ella sólo sacó un punto.

Túnez

Organismo: Fédération Tunisiene de Football
Fundación: 1956
Afiliación FIFA: TUN (1960)
Confederación: CAF (1960)
Copa Africana: 2004

Es una de las selecciones africanas con más presencia mundialista. Ha jugado cuatro Copas del Mundo desde Argentina 1978, aunque nunca ha pasado de primera ronda. Tras tres clasificaciones consecutivas para Francia 1998, Corea-Japón 2002 y Alemania 2006, Túnez quedó fuera de Sudáfrica 2010. En 2004, fue campeón de la Copa Africana como país organizador.

Marruecos

Organismo: Royal Moroccan Football Federation
Fundación: 1956
Afiliación FIFA: MAR (1957)
Confederación: CAF (1957)
Copa Africana: 1976

Es una de las selecciones más importantes de África. Aunque sólo ha ganado una vez la Copa Africana, en 1976, se ha clasificado en cuatro ocasiones para el Mundial. Su paso por ese torneo no ha sido exitoso. Con todo, en 1986 se convirtió en el primer país africano en llegar a octavos, donde fue eliminado por el futuro subcampeón, Alemania. Más recientemente, en 1998, quedó a un punto de repetir este éxito.

ÁFRICA • 2. Zona oeste (A)

 Cabo Verde

Organismo:	Federação Cabo-verdiana de Futebol
Fundación:	1982
Afiliación FIFA:	CPV (1986)
Confederación:	CAF (1987)

 Gambia

Organismo:	Federación de Fútbol de Gambia
Fundación:	1952
Afiliación FIFA:	GAM (1966)
Confederación:	CAF (1967)

 Guinea

Organismo:	Federación Guineana de Fútbol
Fundación:	1960
Afiliación FIFA:	GUI (1960)
Confederación:	CAF (1961)

Guinea-Bissau

Organismo:	Federación de Fútbol de Guinea-Bissau
Fundación:	1974
Afiliación FIFA:	GNB (1986)
Confederación:	CAF (1987)

Liberia

Organismo:	Asociación de Fútbol de Liberia
Fundación:	1936
Afiliación FIFA:	LBR (1962)
Confederación:	CAF (1963)

En 1995, un futbolista liberiano, George Weah, se convirtió en el primer y único africano en lograr el título de Jugador Mundial de la FIFA. Sin embargo, este jugador, tantas veces campeón con el AC Milán, no pudo trasladar su éxito individual al equipo. Liberia nunca ha llegado a una fase final mundialista, aunque pudo lograrlo en 2002. Ya retirado, Weah es aún considerado como *factotum* de la selección liberiana: ha jugado y entrenado en ella, y también ha invertido buena parte de su propio dinero en ella.

 Malí

Organismo:	Fédération Malienne de Football
Fundación:	1960
Afiliación FIFA:	MLI (1962)
Confederación:	CAF (1963)

Esta selección nunca ha disputado la fase final de un Mundial. Algo más brillante es su paso por la Copa Africana, que ha jugado cuatro veces. Su mejor resultado en ella lo obtuvo en 1972, cuando alcanzó el subcampeonato de la mano de futbolistas con experiencia en la liga francesa como Kidian Diallo, Salif Keita, Fantamady Keita y Toure de Bako. Hoy día cuenta con dos grandes jugadores en sus filas, Seydou Keita, del FC Barcelona, y Frederic Kanoute, del Sevilla FC.

Mauritania

Organismo:	**Federación de Fútbol de la República Islámica de Mauritania**
Fundación:	**1961**
Afiliación FIFA:	**MTN (1964)**
Confederación:	**CAF (1965)**

 # Sierra Leona

Organismo:	**Asociación de Fútbol de Sierra Leona**
Fundación:	**1967**
Afiliación FIFA:	**SLE (1967)**
Confederación:	**CAF (1968)**

 # Senegal

Organismo:	**Federación Senegalesa de Fútbol**
Fundación:	**1960**
Afiliación FIFA:	**SEN (1962)**
Confederación:	**CAF (1963)**

Senegal ha vivido una única aventura mundialista, eso sí, extremadamente intensa. Fue el equipo que derribó a Francia, entonces defensora del título, en la inauguración de Corea-Japón 2002. Con futbolistas jóvenes que jugaban, sobre todo, en la liga francesa, esta selección se abrió paso hasta cuartos de final, donde Turquía, otro plantel sorprendente, fue su verdugo. Ese mismo año 2002, Senegal alcanzaría su mejor puesto en la Copa Africana, al obtener el subcampeonato.

ÁFRICA • 3. Zona oeste (B)

 Benin

Organismo:	**Fédération Béninoise de Football**
Fundación:	**1962**
Afiliación FIFA:	**BEN (1962)**
Confederación:	**CAF (1963)**

Ninguna presencia mundialista, y apenas tres en la Copa Africana, para una selección con poca tradición futbolística. En el torneo continental, Benin nunca ha podido pasar de primera fase.

 Ghana

Organismo:	**Ghana Football Association**
Fundación:	**1957**
Afiliación FIFA:	**GHA (1958)**
Confederación:	**CAF (1958)**
Copa Africana:	**1963, 1965, 1978, 1982**

Cuatro veces campeón de la Copa Africana, Ghana llegó a octavos en su única participación mundialista. Es, por ello, uno de los equipos más importantes de África.

Burkina Faso

Organismo:	**Fédération Burkinabé de Foot-ball**
Fundación:	**1960**
Afiliación FIFA:	**BFA (1964)**
Confederación:	**CAF (1964)**

Nunca ha estado en un Mundial, pero, desde los 90, Burkina Faso se ha vuelto un equipo habitual en la Copa Africana. Su mejor puesto lo tuvo en 1998, cuando —como local— llegó a semifinales.

 Níger

Organismo:	**Fédération Nigerienne de Football**
Fundación:	**1967**
Afiliación FIFA:	**NIG (1967)**
Confederación:	**CAF (1967)**

Camerún

Organismo: Fédération Camerounaise de Football
Fundación: 1959
Afiliación FIFA: CMR (1962)
Confederación: CAF (1963)
Copa Africana: 1984, 1988, 2000, 2002
Juegos Olímpicos: 2000

Camerún ha ganado en cuatro ocasiones la Copa Africana y ha participado en cinco mundiales de fútbol. Ningún otro país africano ha podido igualar su experiencia mundialista. Fue también campeón olímpico en Sydney 2000, tras vencer a España en la final. Hasta 2010, en África sólo Nigeria ha logrado el oro olímpico.

Memorable fue el paso de esta selección por Italia 90. En un torneo muy gris, Camerún puso una pizca de sal con los goles —y el baile subsiguiente— de Roger Milla, nombrado ese año mejor jugador africano. Camerún cayó injustamente en cuartos de final ante Inglaterra por 2 a 3. Hace menos tiempo, en 2003, quedó subcampeona de la Copa Confederaciones.

  # Costa de Marfil

Organismo: Fédération Ivoirienne de Football
Fundación: 1960
Afiliación FIFA: CIV (1961)
Confederación: CAF (1961)
Copa Africana: 1992

Sólo una vez se clasificó este equipo para el Mundial, en 2006, aunque en la Copa Africana se ha labrado un nombre. Después de 16 participaciones en ella, fue campeón en 1992.

  # Nigeria

Organismo: Nigeria Football Association
Fundación: 1945
Afiliación FIFA: NGA (1960)
Confederación: CAF (1959)
Copa Africana: 1980, 1994
Juegos Olímpicos: 1996

Medalla de oro en los Juegos Olímpicos de 1996, Nigeria tuvo su mejor generación futbolística esos mismos años: Finidi, Mutiu, Amokachi, Okocha, Amunike... Con ellos, llegó dos veces a octavos de la Copa del Mundo, en 1994 y 1998. En 1994, ganó por segunda vez la Copa Africana.

 # Togo

Organismo: Fédération Togolaise de Football
Fundación: 1960
Afiliación FIFA: TOG (1962)
Confederación: CAF (1963)

ÁFRICA • 4. Zona central (UNIFAC)

 ## Chad

Organismo:	**Fédération Tchadienne de Football**
Fundación:	**1962**
Afiliación FIFA:	**CHA (1988)**
Confederación:	**CAF (2000)**

 ## Rep. Centroafricana

Organismo:	**Football République Centrafricaine**
Fundación:	**1961**
Afiliación FIFA:	**CTA (1963)**
Confederación:	**CAF (1965)**

 ## Rep. del Congo

Organismo:	**Fédération Congolaise de Football**
Fundación:	**1962**
Afiliación FIFA:	**CGO (1962)**
Confederación:	**CAF (1966)**
Copa Africana:	**1972**

 ## Rep. Democrática del Congo

Organismo:	**Federación Congoleña de Fútbol**
Fundación:	**1919**
Afiliación FIFA:	**COD (1962)**
Confederación:	**CAF (1963)**
Copa Africana:	**1968, 1974**

Dos veces campeona de la Copa Africana, esta selección logró, en 1974, su única clasificación para la fase final del Mundial. Entonces competía bajo el nombre de Zaire. Lejos de aquel éxito, hoy ocupa el puesto 111 en el ránking FIFA.

Gabón

Organismo: Fédération Gabonaise de Football
Fundación: 1962
Afiliación FIFA: GAB (1963)
Confederación: CAF (1967)

Desprovisto de títulos internacionales, Gabón no ha debutado aún en un Mundial. Sí lo hizo en la Copa Africana, que ha disputado ya cuatro veces: tres de forma consecutiva, a finales del siglo xx (en 1994, 1996 y 2000) y otra en Angola (2010). La edición de 2012 se disputará, precisamente, en Gabón, que ejercerá como coorganizador junto a Guinea Ecuatorial.

Varios jugadores de esta selección actúan en equipos extranjeros, sobre todo de Francia. Es el caso de Shiva Ngizu (Nantes), Stéphane Nguéma (Stade Rennes) y Daniel Cousin (Le Mans).

Guinea Ecuatorial

Organismo: Federación Ecuatoguineana de Fútbol
Fundación: 1960
Afiliación FIFA: EQG (1986)
Confederación: CAF (1986)

 # Santo Tomé y Príncipe

Organismo: Federación de Fútbol de Santo Tomé y Príncipe
Fundación: 1975
Afiliación FIFA: STP (1986)
Confederación: CAF (1987)

ÁFRICA • 5. Zona centro este (CECAFA)

 ## Burundi

Organismo:	Fédération de Football du Burundi
Fundación:	1948
Afiliación FIFA:	BDI (1972)
Confederación:	CAF (1972)

 ## Ruanda

Organismo:	Fédération Rwandaise Football Association
Fundación:	1972
Afiliación FIFA:	RWA (1978)
Confederación:	CAF (1976)

Tanzania

Organismo:	Tanzania Football Federation
Fundación:	1930
Afiliación FIFA:	TAN (1964)
Confederación:	CAF (1964)

Eritrea

Organismo:	Fédération d'Érythrée de Football
Fundación:	1996
Afiliación FIFA:	ERI (1998)
Confederación:	CAF (1999)

 ## Somalia

Organismo:	Somali Football Federation
Fundación:	1950
Afiliación FIFA:	SOM (1960)
Confederación:	CAF (1968)

Uganda

Organismo:	Uganda Football Association
Fundación:	1924
Afiliación FIFA:	UGA (1959)
Confederación:	CAF (1959)

 Etiopía

Organismo:	**Federación Etíope de Fútbol**
Fundación:	**1943**
Afiliación FIFA:	**ETH (1953)**
Confederación:	**CAF (1957)**
Copa Áfricana:	**1962**

Kenia

Organismo:	**Kenya Football Federation**
Fundación:	**1960**
Afiliación FIFA:	**KEN (1960)**
Confederación:	**CAF (1968)**

Sudán

Organismo:	**Sudan Football Association**
Fundación:	**1936**
Afiliación FIFA:	**SUD (1948)**
Confederación:	**CAF (1957)**
Copa Africana:	**1970**

Yibuti

Organismo:	**Federación Yibutiense de Fútbol**
Fundación:	**1979**
Afiliación FIFA:	**DJI (1993)**
Confederación:	**CAF (1994)**

ÁFRICA • 6. Zona sur (COSAFA)

 Angola

Organismo:	Federação Angolana de Futebol
Fundación:	1979
Afiliación FIFA:	ANG (1980)
Confederación:	CAF (1980)

Botsuana

Organismo:	Botswana Football Association
Fundación:	1970
Afiliación FIFA:	BOT (1978)
Confederación:	CAF (1976)

 Madagascar

Organismo:	Madagascar Football Federation
Fundación:	1961
Afiliación FIFA:	MAD (1962)
Confederación:	CAF (1963)

Malaui

Organismo:	Football Association of Malawi
Fundación:	1966
Afiliación FIFA:	MWI (1967)
Confederación:	CAF (1968)

Mozambique

Organismo:	Federação Moçambicana de Futebol
Fundación:	1976
Afiliación FIFA:	MOZ (1980)
Confederación:	CAF (1978)

Namibia

Organismo:	Namibia Football Association
Fundación:	1990
Afiliación FIFA:	NAM (1992)
Confederación:	CAF (1992)

Sudáfrica

Organismo:	South African Football Association
Fundación:	1932
Afiliación FIFA:	RSA (1992)
Confederación:	CAF (1992)
Copa Africana:	1996

Suazilandia

Organismo:	National Football Association of Swaziland
Fundación:	1968
Afiliación FIFA:	SWZ (1978)
Confederación:	CAF (1976)

Comoras

Organismo:	**Fédération Comorienne de Football**
Fundación:	**1979**
Afiliación FIFA:	**COM (2005)**
Confederación:	**CAF (2000)**

Zambia

Organismo:	**Football Association of Zambia**
Fundación:	**1929**
Afiliación FIFA:	**ZAM (1964)**
Confederación:	**CAF (1964)**

Lesoto

Organismo:	**Lesoto Football Association**
Fundación:	**1932**
Afiliación FIFA:	**LES (1964)**
Confederación:	**CAF (1964)**

Mauricio

Organismo:	**Mauritius Football Association**
Fundación:	**1952**
Afiliación FIFA:	**MRI (1962)**
Confederación:	**CAF (1963)**

Seychelles

Organismo:	**Seychelles Football Federation**
Fundación:	**1979**
Afiliación FIFA:	**SEY (1986)**
Confederación:	**CAF (1986)**

Zimbabue

Organismo:	**Zimbabwe Football Association**
Fundación:	**1965**
Afiliación FIFA:	**ZIM (1965)**
Confederación:	**CAF (1980)**

AMÉRICA DEL NORTE, CENTRAL Y CARIBE

La CONCACAF es la confederación que aglutina a las asociaciones nacionales de fútbol en América del Norte, América Central y el Caribe. Como excepción geográfica, dos naciones sudamericanas –Guyana y Surinam– y la Guayana Francesa también pertenecen a la CONCACAF.

Estados Unidos es, a principios de 2010, la selección de la CONCACAF mejor situada en el ránking FIFA, en el puesto 14. Muy cerca, está México en el 17 y, más lejos, Honduras, en el 34.

La sede central de esta confederación, fundada en 1961, radica en Nueva York. Sus asociaciones nacionales –con asterisco las no afiliadas a la FIFA– se articulan, a su vez, en *sub-confederaciones*:

- **Zona norteamericana (NAFU):**
  - Canadá
  - México
  - Estados Unidos

- **Zona centroamericana (UNCAF):**
  - Belice
  - Costa Rica
  - El Salvador
  - Guatemala
  - Honduras
  - Nicaragua
  - Panamá

- **Zona caribeña (CFU):**
  - Anguila
  - Antigua y Barbuda
  - Antillas Holandesas
  - Aruba
  - Bahamas
  - Barbados
  - Bermudas
  - Cuba
  - Dominica
  - Granada
  - Guadalupe*
  - Guyana
  - Guayana Francesa*
  - Haití
  - Islas Caimán
  - Islas Turcas y Caicos
  - Islas Vírgenes (Británicas)
  - Islas Vírgenes (EE.UU.)
  - Jamaica
  - Martinica*
  - Montserrat
  - Puerto Rico
  - República Dominicana
  - Saint-Martin*
  - San Cristóbal y Nieves
  - San Vicente y Granadinas
  - Santa Lucía
  - Surinam
  - Trinidad y Tobago

CANADÁ

ESTADOS UNIDOS

BERMUDAS

BAHAMAS

I. TURCAS Y CAICOS

MÉXICO

CUBA

DOMINICA

PUERTO RICO

HAITÍ

REP. DOMINICANA

I. VÍRGENES (EE.UU)

BELICE

JAMAICA

SAN CRISTÓBAL Y NIEVES

I. VÍRGENES (GB.)

ANGUILA

GUATEMALA

HONDURAS

MONTSERRAT

ANGUILA

BARBADOS

EL SALVADOR

NICARAGUA

ANTILLAS HOLANDESAS

ANTIGUA

SAN VICENTE

ARUBA

COSTA RICA

TRINIDAD Y TOBAGO

GRANADA

PANAMÁ

GUYANA

SURINAM

• Zona norteamericana (NAFU)

Canadá

Organismo:	**Canadian Soccer Association**
Fundación:	**1912**
Afiliación FIFA:	**CAN (1913)**
Confederación:	**CONCACAF (1961)**
Copa de Oro:	**2000**
Juegos Olímpicos:	**1904**

La única participación mundialista de Canadá —en México 1986— se saldó con desilusión. No marcó un solo gol y quedó última de su liguilla. Más fortuna ha tenido en la Copa de Oro de la CONCACAF, cuyo título obtuvo, por sorpresa, en 2000. Dos años después, además, repitió éxito al alcanzar las semifinales del torneo. Sin embargo, sus esperanzas de progreso se desvanecieron al no llegar siquiera a la ronda final de clasificación para los mundiales de 2002 y 2006. Tampoco estará en Sudáfrica 2010.

México

Organismo:	**Federación Mexicana de Fútbol**
Fundación:	**1927**
Afiliación FIFA:	**MEX (1929)**
Confederación:	**CONCACAF (1961)**
Copa de Oro:	**1993, 1996, 1998, 2003, 2009**

La selección azteca es la más laureada de su confederación. Hizo su debut en los Juegos Olímpicos de Ámsterdam 1928 y, dos años después, participó en la primera Copa Mundial celebrada en Uruguay. Desde entonces, ha acudido doce veces más a la cita mundialista. Sus mejores resultados en esta competición coinciden con las ediciones que acogió como país anfitrión, en 1970 y 1986. Repitió sexto lugar.

El palmarés de *el Tri* es dilatado: 11 títulos de su confederación (5 Copas de Oro, 3 Campeonatos de CONCACAF, y 3 Copas de la NAFC), una Copa Confederaciones, una Copa Mundial Sub-17, 6 medallas de oro en los Juegos Centroamericanos y del Caribe, y 3 medallas de oro en los Panamericanos. Sin dejar la CONCACAF, desde 1993 acude como invitado a cada edición de la Copa América. En ella, ha logrado dos subcampeonatos (1993 y 2001).

Estados Unidos

Organismo: **United States Soccer Federation**
Fundación: **1913**
Afiliación FIFA: **USA (1913)**
Confederación: **CONCACAF (1961)**
Copa de Oro: **1991, 2002, 2005, 2007**

Pese a ser una selección veterana —debutó ante Suecia el 20 de agosto de 1916—, no ha logrado aún conquistar el corazón de un país cuyas pasiones nacionales son otras: béisbol, baloncesto y fútbol americano. Sin embargo, desde que Estados Unidos acogió el Mundial de 1994, el fútbol ha ido conquistando adeptos.

Paralelamente, el equipo nacional ha ido evolucionando a marchas forzadas. No se ha perdido un mundial desde 1990 —en 2002, quedó octavo— y ha conquistado cuatro Copas de Oro desde 1991. El 24 de junio de 2009, Estados Unidos accedió a la final de la Copa Confederaciones, tras derrotar 0-2 a España. En su historial más reciente, acaba de clasificarse para un nuevo mundial, el de Sudáfrica 2010.

• Zona centroamericana (UNCAF)

 Belice

Organismo: Football Federation of Belize
Fundación: 1980
Afiliación FIFA: BLZ (1986)
Confederación: CONCACAF (1992)

 Honduras

Organismo: Federación Nacional Autónoma de Fútbol de Honduras
Fundación: 1951
Afiliación FIFA: HON (1951)
Confederación: CONCACAF (1961)

Esta selección volverá a jugar una Copa Mundial en 2010, luego de clasificarse para la de Sudáfrica. No lo lograba desde que, en 1982, debutó en el Mundial de España. Pese a quedar última de su grupo, arrancó entonces dos empates ante los anfitriones e Irlanda del Norte.

Entre los logros obtenidos por Honduras dentro de su confederación se encuentran: 2 títulos de la Copa de Naciones UNCAF, un Campeonato de la CONCACAF, un subcampeonato de la Copa de Oro (1991), y 2 títulos preolímpicos de la CONCACAF.

Costa Rica

Organismo: Federación Costarricense de Fútbol
Fundación: 1921
Afiliación FIFA: CRC (1927)
Confederación: CONCACAF (1962)

La sele, así llamada por sus seguidores, ha participado en tres copas del mundo: tuvo una presentación sorprendente en Italia 1990, donde alcanzó la segunda ronda, y un aceptable rendimiento en Corea-Japón 2002. Esta última vez, Costa Rica hubo de enfrentarse a un grupo duro donde se encontraba Brasil, luego campeón. Empató a puntos con Turquía, pero fue este equipo quien pasó a octavos para llegar, a la postre, a semifinales. Más penoso fue el desempeño del conjunto *tico* en Alemania 2006, pues no sumó un sólo punto.

La mejor posición de Costa Rica en la Copa de Oro de la CONCACAF ha sido el subcampeonato de 2002. Además, ha sido seis veces campeona de la Copa UNCAF entre equipos centroamericanos. Tres veces invitado por la Copa América, en ella ha llegado dos veces a cuartos de final.

El Salvador

Organismo:	Federación Salvadoreña de Fútbol
Fundación:	1935
Afiliación FIFA:	SLV (1938)
Confederación:	CONCACAF (1961)

Guatemala

Organismo:	Federación Nacional de Fútbol de Guatemala
Fundación:	1919
Afiliación FIFA:	GUA (1946)
Confederación:	CONCACAF (1961)

Panamá

Organismo:	Federación Panameña de Fútbol
Fundación:	1921
Afiliación FIFA:	PAN (1937)
Confederación:	CONCACAF (1961)

Nicaragua

Organismo:	Federación Nicaragüense de Fútbol
Fundación:	1931
Afiliación FIFA:	NCA (1950)
Confederación:	CONCACAF (1968)

• Zona caribeña (CFU)

 Anguila

Organismo:	Anguilla Football Association
Fundación:	1990
Afiliación FIFA:	AIA (1996)
Confederación:	CONCACAF (1994)

Antigua y Barbuda

Organismo:	Antigua and Barbuda Football Association
Fundación:	1928
Afiliación FIFA:	ATG (1970)
Confederación:	CONCACAF (1972)

Bahamas

Organismo:	Bahamas Football Association
Fundación:	1967
Afiliación FIFA:	BAH (1968)
Confederación:	CONCACAF (1981)

 Barbados

Organismo:	Barbados Football Association
Fundación:	1910
Afiliación FIFA:	BRB (1968)
Confederación:	CONCACAF (1968)

Dominica

Organismo:	Dominica Football Association
Fundación:	1970
Afiliación FIFA:	DMA (1994)
Confederación:	CONCACAF (1994)

Granada

Organismo:	Grenada Football Association
Fundación:	1924
Afiliación FIFA:	GRN (1978)
Confederación:	CONCACAF (1969)

Antillas Holandesas

Organismo: Nederlands Antilliaanse Voetbal Unie
Fundación: 1921
Afiliación FIFA: ANT (1932)
Confederación: CONCACAF (1988)

Bermudas

Organismo: Bermuda Football Association
Fundación: 1928
Afiliación FIFA: BER (1962)
Confederación: CONCACAF (1962)

Guyana

Organismo: Guyana Football Federation
Fundación: 1902
Afiliación FIFA: GUY (1968)
Confederación: CONCACAF (1961)

Aruba

Organismo: Arubaanse Voetbal Bond
Fundación: 1932
Afiliación FIFA: ARU (1988)
Confederación: CONCACAF (1988)

Cuba

Organismo: Asociación de Fútbol de Cuba
Fundación: 1924
Afiliación FIFA: CUB (1932)
Confederación: CONCACAF (1961)

Haití

Organismo: Fédération Haïtienne de Football
Fundación: 1904
Afiliación FIFA: HAI (1933)
Confederación: CONCACAF (1961)

 Islas Caimán

Organismo:	**Cayman Islands Football Association**
Fundación:	**1966**
Afiliación FIFA:	**CAY (1992)**
Confederación:	**CONCACAF (1992)**

Islas Turcas y Caicos

Organismo:	**Federación Costarricense de Fútbol**
Fundación:	**1996**
Afiliación FIFA:	**TCA (1998)**
Confederación:	**CONCACAF (1996)**

Jamaica

Organismo:	**Jamaica Football Federation**
Fundación:	**1910**
Afiliación FIFA:	**JAM (1962)**
Confederación:	**CONCACAF (1965)**

Montserrat

Organismo:	**Montserrat Football Association Inc.**
Fundación:	**1973**
Afiliación FIFA:	**MSR (1996)**
Confederación:	**CONCACAF (1994)**

San Cristóbal y Nieves

Organismo:	**St. Kitts and Nevis Football Association**
Fundación:	**1932**
Afiliación FIFA:	**SKN (1992)**
Confederación:	**CONCACAF (1990)**

San Vicente y las Granadinas

Organismo:	**Fed. de Fútbol de San Vicente y Granadinas**
Fundación:	**1979**
Afiliación FIFA:	**VIN (1988)**
Confederación:	**CONCACAF (1988)**

Trinidad y Tobago

Organismo:	**Federación de Fútbol de Trinidad y Tobago**
Fundación:	**1908**
Afiliación FIFA:	**TRI (1963)**
Confederación:	**CONCACAF (1962)**

Islas Vírgenes Británicas

Organismo: British Virgin Islands Football Association
Fundación: 1974
Afiliación FIFA: VGB (1996)
Confederación: CONCACAF (1996)

Islas Vírgenes EE.UU.

Organismo: U.S. Virgin Islands Soccer Federation
Fundación: 1989
Afiliación FIFA: VIR (1998)
Confederación: CONCACAF (1987)

Puerto Rico

Organismo: Federación Puertorriqueña de Fútbol
Fundación: 1940
Afiliación FIFA: PUR (1960)
Confederación: CONCACAF (1960)

Rep. Dominicana

Organismo: Federación Dominicana de Fútbol
Fundación: 1953
Afiliación FIFA: DOM (1958)
Confederación: CONCACAF (1964)

Santa Lucía

Organismo: St. Lucia Football Association
Fundación: 1979
Afiliación FIFA: LCA (1988)
Confederación: CONCACAF (1965)

Surinam

Organismo: Surinaamse Voetbal Bond
Fundación: 1920
Afiliación FIFA: SUR (1929)
Confederación: CONCACAF (1965)

Asia

La AFC es la confederación de asociaciones nacionales de fútbol en Asia. Congrega a 46 naciones asiáticas y, además, a Australia. En 2006, esta selección, geográficamente adscrita a Oceanía, solicitó su ingreso a la AFC en busca de rivales más competitivos a los que encontraba en la confederación oceánica.

A principios de 2010, era precisamente Australia la selección de la AFC mejor situada en el ránking FIFA (puesto 23), seguida de Japón (40), Corea del Sur (49) y Arabia Saudí (59).

Fundada en 1954, la AFC es una de las seis confederaciones adscritas a la FIFA y tiene su sede central en Kuala Lumpur (Malasia).

Cada cuatro años, organiza la Copa Asiática y, a modo de torneo de consolación bienal, la Copa Desafío, en la cual participan las tres peores selecciones de cada zona de la confederación. Estas zonas son:

• Sudeste (ASEAN):

Australia
Birmania
Brunéi
Camboya
Filipinas
Indonesia
Laos
Malasia
Maldivas
Singapur
Tailandia
Timor Oriental
Vietnam

• Este:

Corea del Norte
Corea del Sur
China
China Taipei
Guam
Hong Kong
Japón
Macao
Mongolia

• Oeste:

Arabia Saudí
Bahréin
Emiratos Árabes Unidos
Iraq
Jordania
Kuwait
Líbano
Omán
Territorios palestinos
Qatar
Siria
Yemen

• Centro sur:

Afganistán
Bangladesh
Bután
India
Irán
Kirguistán
Nepal
Pakistán
Sri Lanka
Tayikistán
Turkmenistán
Uzbekistán

SIRIA
LÍBANO
PALESTINA
IRAK
JORDANIA
ARABIA SAUDÍ

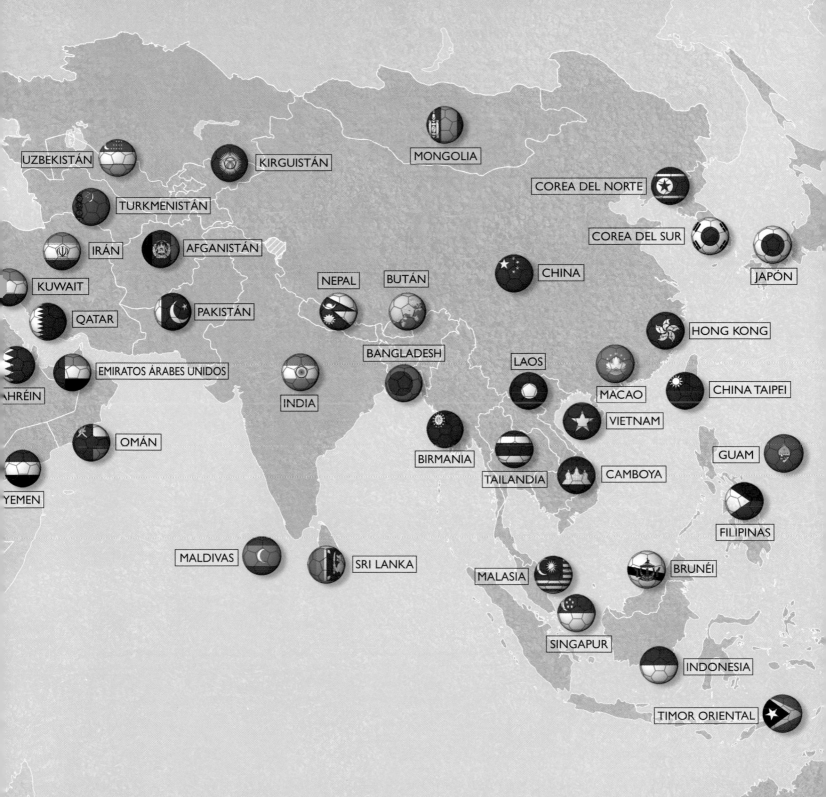

UZBEKISTÁN

KIRGUISTÁN

MONGOLIA

COREA DEL NORTE

TURKMENISTÁN

COREA DEL SUR

IRÁN

AFGANISTÁN

JAPÓN

KUWAIT

NEPAL

BUTÁN

CHINA

QATAR

PAKISTÁN

HONG KONG

BANGLADESH

LAOS

EMIRATOS ÁRABES UNIDOS

MACAO

CHINA TAIPEI

BAHRÉIN

INDIA

VIETNAM

OMÁN

BIRMANIA

GUAM

TAILANDIA

CAMBOYA

YEMEN

FILIPINAS

MALDIVAS

SRI LANKA

MALASIA

BRUNÉI

SINGAPUR

INDONESIA

TIMOR ORIENTAL

AUSTRALIA

Australia

Organismo:	**Football Federation Australia**
Fundación:	**1961**
Afiliación FIFA:	**AUS (1963)**
Confederación:	**AFC (2006)**
Copa Oceanía:	**1980, 1996, 2000, 2004**

Australia fue por muchos años la selección más fuerte de Oceanía (ganó cuatro veces su copa continental). La ínfima calidad de sus rivales –sólo hay que recordar el 31 a 0 que le metió a Samoa Americana– hizo que su federación buscara rivales de mayor entidad afiliándose, en 2006, a la confederación asiática. Conocidos en su país como *socceroos* (que viene a significar «canguros del fútbol»), los australianos han disputado dos Mundiales: el de 1974 y el de 2006, ambos celebrados en Alemania. En el segundo de ellos, alcanzaron los octavos de final. En su primera Copa Asiática, en 2007, cayeron en cuartos.

 Corea del Sur

Organismo:	**Korea Football Association**
Fundación:	**1928**
Afiliación FIFA:	**KOR (1948)**
Confederación:	**AFC (1954)**
Copa Asiática:	**1956, 1960**

El *fútbol asociación* llega a este país en 1882, traído por los británicos que llegaban al puerto de Incheon. Sin embargo, en Corea se practicaba ya un deporte similar, llamado *tsu-chu* (ver capítulo *Historia del juego*). Quizá por esa tradición, Corea del Sur se ha erigido en uno de los equipos más fuertes de Asia.

Ha participado en siete copas mundiales. En estos eventos, siempre había tenido un rol menor, hasta el año 2002, cuando, como coorganizador del torneo, fue capaz de alcanzar las semifinales. De la mano de Guus Hiddink, esta selección se granjeó fama de *matagigantes* después de eliminar a Italia y España, en sendos encuentros donde los árbitros la favorecieron. En 1956 y 1960, los coreanos vivieron su cuatrienio dorado, al adjudicarse la Copa Asiática dos veces seguidas. Desde entonces, la suerte les ha sido esquiva, como lo acreditan tres segundos puestos y tres terceras plazas (la última en 2007).

 Japón

Organismo: **Nippon Soccer Kyokai**
Fundación: **1912**
Afiliación FIFA: **JPN (1929)**
Confederación: **AFC (1954)**
Copa Asiática: **1992, 2000, 2004**

El fútbol japonés ha experimentado un tardío despertar. Tricampeón de la copa asiática, sus tres títulos son recientes: 1992, 2000 y 2004. También lo ha sido su presencia mundialista. Sin participación en el máximo torneo hasta 1998, desde entonces se ha clasificado siempre para disputarlo. En 2002, durante el Mundial celebrado en Asia y como coorganizador, Japón cerró su mejor actuación, con un noveno puesto. Cuatro años después, las expectativas que había generado se vieron contrariadas: sólo sumó un punto en la primera fase de Alemania 2006.

Respaldada por una liga nacional muy comercial, y frecuente *cementerio de elefantes* para las grandes estrellas del fútbol mundial, hoy en día la selección nipona es una de las más sólidas de Asia. Así lo confirma su clasificación —la cuarta consecutiva— para el Mundial de Sudáfrica 2010, donde tratará de mejorar su última actuación mundialista.

• Zona sudeste (ASEAN)

 Birmania

Organismo:	**Myanmar Football Federation**
Fundación:	**1947**
Afiliación FIFA:	**MYA (1952)**
Confederación:	**AFC (1954)**

Brunéi

Organismo:	**Persatuan Bola Sepak Brunei Darussalam**
Fundación:	**1959**
Afiliación FIFA:	**BRU (1969)**
Confederación:	**AFC (1970)**

Indonesia

Organismo:	**Persatuan Sepak bola Seluruh Indonesia**
Fundación:	**1930**
Afiliación FIFA:	**IDN (1952)**
Confederación:	**AFC (1954)**

Laos

Organismo:	**Lao Football Federation**
Fundación:	**1951**
Afiliación FIFA:	**LAO (1952)**
Confederación:	**AFC (1980)**

Singapur

Organismo:	**Football Association of Singapore**
Fundación:	**1892**
Afiliación FIFA:	**SIN (1952)**
Confederación:	**AFC (1954)**

Tailandia

Organismo:	**Football Association of Thailand**
Fundación:	**1916**
Afiliación FIFA:	**THA (1925)**
Confederación:	**AFC (1957)**

Camboya

Organismo:	**Cambodian Football Federation**
Fundación:	**1933**
Afiliación FIFA:	**CAM (1953)**
Confederación:	**AFC (1957)**

Filipinas

Organismo:	**Philippine Football Federation**
Fundación:	**1907**
Afiliación FIFA:	**PHI (1930)**
Confederación:	**AFC (1954)**

Malasia

Organismo:	**Persatuan Bola Sepak Malaysia**
Fundación:	**1933**
Afiliación FIFA:	**MAS (1956)**
Confederación:	**AFC (1954)**

Maldivas

Organismo:	**Football Association of Maldives**
Fundación:	**1982**
Afiliación FIFA:	**MDV (1986)**
Confederación:	**AFC (1986)**

Timor Oriental

Organismo:	**Federação de Futebol de Timor-Leste**
Fundación:	**2002**
Afiliación FIFA:	**TLS (2005)**
Confederación:	**AFC (2002)**

Vietnam

Organismo:	**Federación de Fútbol de Vietnam**
Fundación:	**1962**
Afiliación FIFA:	**VIE (1964)**
Confederación:	**AFC (1964)**

• Zona este

 **Corea del Norte**

Organismo: Korea Football Association
Fundación: 1928
Afiliación FIFA: PRK (1948)
Confederación: AFC (1952)

 **China**

Organismo: Asociación China de Fútbol
Fundación: 1924
Afiliación FIFA: CHN (1931)
Confederación: AFC (1974)

China Taipei

Organismo: Chinese Taipei National Association
Fundación: 1924
Afiliación FIFA: TPE (1954)
Confederación: AFC (1955)

 # Guam

Organismo: Guam Football Association
Fundación: 1975
Afiliación FIFA: GUM (1996)
Confederación: AFC (1992)

 # Hong Kong

Organismo: The Hong Kong Football Association Ltd.
Fundación: 1914
Afiliación FIFA: HKG (1954)
Confederación: AFC (1954)

 # Macao

Organismo: Associação de Futebol de Macau
Fundación: 1939
Afiliación FIFA: MAC (1978)
Confederación: AFC (1976)

 # Mongolia

Organismo: Mongolian Football Federation
Fundación: 1959
Afiliación FIFA: MGL (1998)
Confederación: AFC (1998)

• Zona oeste

Arabia Saudí

Organismo:	**Federación de fútbol de Arabia Saudí**
Fundación:	**1959**
Afiliación FIFA:	**KSA (1959)**
Confederación:	**AFC (1959)**
Copa Asiática:	**1984, 1988, 1996**

Bahréin

Organismo:	**Bahrain Football Association**
Fundación:	**1957**
Afiliación FIFA:	**BHR (1966)**
Confederación:	**AFC (1969)**

Jordania

Organismo:	**Jordan Football Association**
Fundación:	**1949**
Afiliación FIFA:	**JOR (1958)**
Confederación:	**AFC (1974)**

Omán

Organismo:	**Oman Football Association**
Fundación:	**1978**
Afiliación FIFA:	**OMA (1980)**
Confederación:	**AFC (1979)**

Emiratos Árabes Unidos

Organismo:	Federación de Fútbol de los Emiratos Árabes Unidos
Fundación:	1971
Afiliación FIFA:	UAE (1972)
Confederación:	AFC (1974)

Kuwait

Organismo:	Kuwait Football Association
Fundación:	1952
Afiliación FIFA:	KUW (1962)
Confederación:	AFC (1962)
Copa Asiática:	1980

Territorios Palestinos

Organismo:	Palestinian Football Federation
Fundación:	1928
Afiliación FIFA:	PLE (1998)
Confederación:	AFC (1998)

Siria

Organismo:	Syrian Arab Federation for Football
Fundación:	1936
Afiliación FIFA:	SYR (1937)
Confederación:	AFC (1968)

Iraq

Organismo:	Iraq Football Association
Fundación:	1948
Afiliación FIFA:	IRQ (1950)
Confederación:	AFC (1971)
Copa Asiática:	2007

Líbano

Organismo:	Federation Libanaise de Football Association
Fundación:	1933
Afiliación FIFA:	LIB (1935)
Confederación:	AFC (1964)

Qatar

Organismo:	Qatar Football Association
Fundación:	1960
Afiliación FIFA:	QAT (1970)
Confederación:	AFC (1972)

Yemen

Organismo:	Yemen Football Association
Fundación:	1962
Afiliación FIFA:	YEM (1980)
Confederación:	AFC (1962)

• Zona centro y sur

 Afganistán

Organismo:	**Afghanistan Football Federation**
Fundación:	**1933**
Afiliación FIFA:	**AFG (1948)**
Confederación:	**AFC (1954)**

 Bangladesh

Organismo:	**Bangladesh Football Federation**
Fundación:	**1972**
Afiliación FIFA:	**BAN (1974)**
Confederación:	**AFC (1974)**

 Irán

Organismo:	**Football Federation Islamic Republic of Iran**
Fundación:	**1920**
Afiliación FIFA:	**IRN (1945)**
Confederación:	**AFC (1958)**
Copa Asiática:	**1968, 1972, 1976**

Kirguistán

Organismo:	**Football Federation of Kyrgyz Republic**
Fundación:	**1992**
Afiliación FIFA:	**KGZ (1994)**
Confederación:	**AFC (1994)**

Bután

Organismo:	Bhutan Football Federation
Fundación:	1983
Afiliación FIFA:	BHU (2000)
Confederación:	AFC (1993)

 # India

Organismo:	India Football Federation
Fundación:	1937
Afiliación FIFA:	IND (1948)
Confederación:	AFC (1954)

 # Nepal

Organismo:	Nepal Football Association
Fundación:	1951
Afiliación FIFA:	NEP (1970)
Confederación:	AFC (1971)

Pakistán

Organismo:	Pakistan Football Federation
Fundación:	1947
Afiliación FIFA:	PAK (1948)
Confederación:	AFC (1954)

 # Sri Lanka

Organismo:	Football Federation of Sri Lanka
Fundación:	1939
Afiliación FIFA:	SRI (1952)
Confederación:	AFC (1969)

 # Tayikistán

Organismo:	Tajikistan National Football Federation
Fundación:	1936
Afiliación FIFA:	TJK (1994)
Confederación:	AFC (1994)

 # Turkmenistán

Organismo:	Football Federation of Turkmenistan
Fundación:	1992
Afiliación FIFA:	TKM (1994)
Confederación:	AFC (1994)

 # Uzbekistán

Organismo:	O'zbekiston Futbol Federatsiyasi
Fundación:	1946
Afiliación FIFA:	UZB (1994)
Confederación:	AFC (1994)

Oceanía

La OFC aglutina a las asociaciones nacionales de fútbol en Oceanía. Es la confederación más pequeña de las seis que integran la FIFA y, también, la más joven.

Esta confederación nació en 1966, al agruparse las federaciones de Australia, Nueva Zelanda y Fiyi. Con el correr de los años, a medida que las islas del Pacífico se independizaban, nuevos países se asociaron a la OFC. Nueva Caledonia, afiliada el 24 de mayo de 2004, ha sido el último equipo en ingresar a la OFC.

En 2006, el continente futbolístico se vio conmovido por la decisión australiana de dejar la OFC e integrarse en la confederación asiática. Oceanía perdía así a su miembro más importante y, deportivamente, más competitivo. De hecho, Australia adujo que en Asia le sería más sencillo encontrar rivales de su nivel.

Desde entonces, parece que las cosas empezaron a cambiar en Oceanía. Las islas del Pacífico, jóvenes países con escasa tradición futbolística, hacen esfuerzos para potenciar su fútbol base y mejorar su presencia en torneos internacionales. Puede ser prueba de ello que las Islas Salomón se hayan clasificado, recientemente, para los mundiales de fútbol sala y fútbol playa, en lugar de un equipo consagrado como Nueva Zelanda. Asimismo, en categorías inferiores, la selección de Tahití ganó la eliminatoria para la Copa Mundial de Fútbol Sub-20 de 2009 en Egipto.

Por su parte, la OFC está haciendo una gran labor para que las selecciones de Oceanía ganen protagonismo en todas las formas de fútbol: *fútbol asociación*, fútbol playa, fútbol sala y fútbol de clubes, tanto en la rama masculina como en la femenina. Esta política está obteniendo sus primeros frutos.

Con todo, Oceanía sigue siendo el continente futbolísticamente más débil. Sólo una de sus selecciones —Nueva Zelanda— figura en el ránking FIFA entre los cien mejores equipos del mundo. A febrero de 2010, ocupaba el puesto 79.

Fundada en 1966, la sede central de la OFC se encuentra en Auckland (Nueva Zelanda). A día de hoy, esta confederación organiza la Copa de Oceanía y el torneo clasificatorio para la Copa Mundial de Fútbol. En el ámbito de clubes, impulsa la Liga de Campeones de Oceanía, que otorga un boleto para el Mundial de Clubes de la FIFA.

Son miembros de pleno derecho de la OFC:

> Fiyi
> Nueva Zelanda
> Papúa Nueva Guinea
> Islas Cook
> Islas Salomón
> Nueva Caledonia
> Samoa
> Samoa Americana
> Polinesia Francesa (Tahití)
> Tonga
> Vanuatu

Son miembros asociados de la OFC, pero no afiliados a la FIFA:

> Niue
> Marianas del Norte
> Islas Marshall
> Tuvalu
> Kirivati

PAPÚA NUEVA GUINEA

ISLAS SALOMÓN

SAMOA

VANUATU

FIYI

SAMOA AMERICANA

NUEVA CALEDONIA

TONGA

ISLAS COOK

TAHITÍ

NUEVA ZELANDA

 Fiyi

Organismo:	**Fiji Football Association**
Fundación:	**1938**
Afiliación FIFA:	**FIJ (1963)**
Confederación:	**OFC (1966)**

Islas Salomón

Organismo:	**Solomon Islands Football Federation**
Fundación:	**1978**
Afiliación FIFA:	**SOL (1988)**
Confederación:	**OFC (1988)**

Tonga

Organismo:	**Tonga Football Association**
Fundación:	**1965**
Afiliación FIFA:	**TGA (1994)**
Confederación:	**OFC (1994)**

Nueva Zelanda

Organismo:	**New Zealand Football**
Fundación:	**1891**
Afiliación FIFA:	**NZL (1948)**
Confederación:	**OFC (1966)**

Nueva Caledonia

Organismo:	**Fédération Calédonienne de Football**
Fundación:	**1928**
Afiliación FIFA:	**NCL (2004)**
Confederación:	**OFC (1969)**

Vanuatu

Organismo:	**Vanuatu Football Federation**
Fundación:	**1934**
Afiliación FIFA:	**VAN (1988)**
Confederación:	**OFC (1988)**

Papúa Nueva Guinea

Organismo:	Papua New Guinea Football Association
Fundación:	1962
Afiliación FIFA:	PNG (1963)
Confederación:	OFC (1966)

 Islas Cook

Organismo:	Cook Islands Football Association
Fundación:	1971
Afiliación FIFA:	COK (1994)
Confederación:	OFC (1994)

 Samoa

Organismo:	Samoa Football Soccer Federation
Fundación:	1968
Afiliación FIFA:	SAM (1986)
Confederación:	OFC (1986)

 Samoa Americana

Organismo:	Football Federation American Samoa
Fundación:	1984
Afiliación FIFA:	ASA (1998)
Confederación:	OFC (1998)

LOS CLUBES MÁS FAMOSOS

Un club de fútbol es una entidad que tiene como fin principal la práctica de este deporte. Los clubes de fútbol profesional se subordinan a su correspondiente federación nacional, la cual a su vez suele formar parte de una de las seis confederaciones continentales: UEFA, CONMEBOL, CAF, CONCACAF, AFC y OFC.

Desde su fundación, los clubes de fútbol suelen conservar distintivos que permitan identificarlos con facilidad: una indumentaria característica, sus colores, un escudo o, incluso, un estadio propio, que viene a ser como el templo de su religión.

La gestión de un club recaía tradicionalmente en dirigentes designados por sus propios socios, que costeaban con su abono anual la mayor parte del presupuesto y podían asistir así a todos los partidos de la temporada. Aunque la figura del socio se ha mantenido, hoy los clubes han pasado —en muchos casos— a estar administrados por organizaciones externas que se han hecho con su propiedad, o a ser ellos mismos una sociedad anónima perteneciente a un empresario o a un grupo de ellos.

Gestionados como grandes empresas, algunos clubes de fútbol tienen hoy enormes presupuestos que, además, crecen cada año al calor del mercado de fichajes. Con estadios que parecen catedrales y dan cabida a decenas de miles de espectadores, los futbolistas cobran cifras millonarias y se han vuelto tan famosos como estrellas de cine.

A menudo, estos clubes de fútbol —tan poderosos— desarrollan secciones dedicadas a otros deportes o alimentan amplias estructuras polideportivas. Cuentan para ello con una infraestructura propia de campos de entrenamiento y reclutan nuevos talentos que forman en las categorías inferiores de su deporte base.

A continuación, de forma resumida y sin afán discriminatorio, encontrará una reseña de los principales clubes de fútbol del mundo, con sus direcciones en la web, por si desea profundizar esta información.

España

BARCELONA

MADRID

VALENCIA

SEVILLA

Real Madrid CF

• Ciudad:	Madrid, España
• Apodos:	*Merengues, madridistas, blancos*
• Fundación:	6 de marzo de 1902
• Estadio:	Santiago Bernabéu (80.354)
• Colores:	Blanco
• Torneos nacionales:	-Liga Española (31): 1931-32, 1932-33, 1953-54, 1954-55, 1956-57, 1957-58, 1960-61, 1961-62, 1962-63, 1963-64, 1964-65, 1966-67, 1967-68, 1968-69, 1971-72, 1974-75, 1975-76, 1977-78, 1978-79, 1979-80, 1985-86, 1986-87, 1987-88, 1988-89, 1989-90, 1994-95, 1996-97, 2000-01, 2002-03, 2006-07, 2007-08.
	-Copa del Rey de Fútbol (17): 1905, 1906, 1907, 1908, 1917, 1933-34, 1935-36, 1945-46, 1946-47, 1961-62, 1969-70, 1973-74, 1974-75, 1979-80, 1981-82, 1988-89, 1992-93.
	-Supercopa de España (8): 1988, 1989, 1990, 1993, 1997, 2001, 2003, 2008.
	-Copa de la Liga (1): 1984-85.
• Torneos internacionales:	-Copa Intercontinental (3): 1960, 1998, 2002.
	-Copa de Europa (9): 1955-56, 1956-57, 1957-58, 1958-59, 1959-60, 1965-66, 1997-98, 1999-00, 2001-02.
	-Copa de la UEFA (2): 1984-85, 1985-86.
• Sitio web:	http://www.realmadrid.com

Club Atlético de Madrid

• Ciudad:	Madrid, España
• Apodos:	*Atlético, atleti, colchoneros, rojiblancos, indios*
• Fundación:	26 de abril de 1903
• Estadio:	Vicente Calderón (54.851)
• Colores:	Blanco y rojo
• Torneos nacionales:	-Liga Española (9): 1939-40, 1940-41, 1949-50, 1950-51, 1965-66, 1969-70, 1972-73, 1976-77 y 1995-96.
	-Copa del Rey de Fútbol (9): 1960, 1961, 1965, 1972, 1976, 1985, 1991, 1992 y 1996.
	-Supercopa de España (1): 1985.
	-Copa de la Liga (2): 1982-1983, 1985-1986.
• Torneos internacionales:	-Copa Intercontinental (1): 1974.
	-Recopa de Europa (1): 1961-62.
	-Copa Intertoto de la UEFA (1): 2007.
• Sitio web:	http://www.clubatleticodemadrid.com

Fútbol Club Barcelona

• Ciudad:	Barcelona, España
• Apodos:	*Barça, blaugranas, culés, azulgranas*
• Fundación:	29 de noviembre de 1899
• Estadio:	Camp Nou (98.772)
• Colores:	Azul y rojo

• Torneos nacionales:
-Liga Española (19): 1928-29, 1944-45, 1947-48, 1948-49, 1951-52, 1952-53, 1958-59, 1959-60, 1973-74, 1984-85, 1990-91, 1991-92, 1992-93, 1993-94, 1997-98, 1998-99, 2004-05, 2005-06, 2008-09.
-Copa del Rey de Fútbol (25): 1909-10, 1911-12, 1912-13, 1919-20, 1921-22, 1924-25, 1925-26, 1927-28, 1941-42, 1950-51, 1951-52, 1952-53, 1956-57, 1958-59, 1962-63, 1967-68, 1970-71, 1977-78, 1980-81, 1982-83, 1987-88, 1989-90, 1996-97, 1997-98, 2008-09.
-Supercopa de España (8): 1983, 1991, 1992, 1994, 1996, 2005, 2006, 2009.
-Copa de la Liga (2): 1982-1983, 1985-1986.

• Torneos internacionales:
-Supercopa de Europa (3): 1992, 1997, 2009.
-Copa de Europa (3): 1991-1992, 2005-2006, 2008-2009.
-Copa Mundial de Clubes de la FIFA (1): 2009.
-Recopa de Europa (4): 1978-79, 1981-82, 1988-89, 1996-97.
-Copa de Ferias (3): 1957-58, 1959-60, 1965-66 (ganada en propiedad en 1971).

• Sitio web: http://www.fcbarcelona.com

Sevilla Fútbol Club S.A.D.

• Ciudad:	Sevilla, España
• Apodos:	*Sevillistas, rojiblancos, palanganas, nervionenses*
• Fundación:	14 de octubre de 1905
• Estadio:	Ramón Sánchez Pizjuán (45.500)
• Colores:	Blanco

• Torneos nacionales:
-Liga Española (1): 1945-46.
-Copa del Rey de Fútbol (4): 1935, 1939, 1948 y 2007.
-Supercopa de España (1): 2007.

• Torneos internacionales:
-Copa de la UEFA (2): 2006, 2007.
-Supercopa de Europa (1): 2006.

• Sitio web: http://www.sevillafc.es

Valencia CF

- **Ciudad:** Valencia, España
- **Apodos:** *Ches, valencianistas*
- **Fundación:** 18 de marzo de 1919
- **Estadio:** Mestalla (55.000)
- **Colores:** Blanco
- **Torneos nacionales:** -Liga Española (6): 1941-42, 1943-44, 1946-47, 1970-71, 2001-02, 2003-04.
-Copa del Rey de Fútbol (7): 1940-41, 1948-49, 1953-54, 1966-67, 1978-79, 1998-99, 2007-08.
-Supercopa de España (1): 1999.
- **Torneos internacionales:** -Copa de la UEFA (1): 2003-04.
-Recopa de Europa (1): 1979-80.
-Supercopa de Europa (2): 1980, 2004.
-Copa Intertoto de la UEFA (1): 1998.
- **Sitio web:** http://www.valenciacf.com

Italia

MILÁN

TURÍN

FLORENCIA

ROMA

Juventus FC

• **Ciudad:**	Turín, Italia
• **Apodo:**	*La vecchia signora*
• **Fundación:**	1 de noviembre de 1897
• **Estadio:**	Stadio Olímpico de Torino (27.994)
• **Colores:**	Blanco y negro
• **Torneos nacionales:**	-Título de Liga (27): 1905, 1925-26, 1930-31, 1931-32, 1932-33, 1933-34, 1934-35, 1949-50, 1951-52, 1957-58, 1959-60, 1960-61, 1966-67, 1971-72, 1972-73, 1974-75, 1976-77, 1977-78, 1980-81, 1981-82, 1983-84, 1985-86, 1994-95, 1996-97, 1997-98, 2001-02, 2002-03.
	-Copa de Italia (9): 1937-38, 1941-42, 1958-59, 1959-60, 1964-65, 1978-79, 1982-83. 1989-90, 1994-95.
	-Supercopa de Italia (4): 1995, 1997, 2002, 2003.
• **Torneos internacionales:**	-Copa Intercontinental (2): 1985, 1996.
	-Copa de Europa (2): 1984-85, 1995-96.
	-Recopa de Europa (1): 1983-84.
	-Copa de la UEFA (3): 1976-77, 1989-90, 1992-93.
	-Copa Intertoto de la UEFA (1): 1999.
	-Supercopa de Europa (2): 1984, 1996.
• **Sitio web:**	http://www.juventus.com

AC Milan

• Ciudad:	Milán, Italia
• Apodos:	*Rossoneri, il diavolo*
• Fundación:	16 de diciembre de 1899
• Estadio:	San Siro (82.955)
• Colores:	Rojo y negro
• Torneos nacionales:	-Título de Liga (17): 1901, 1906, 1907, 1950-51, 1954-55, 1956-57, 1958-59, 1961-62, 1967-68, 1978-79, 1987-88, 1991-92, 1992-93, 1993-94, 1995-96, 1998-99, 2003-04.
	-Copa de Italia (16): 1966-67, 1971-72, 1972-73, 1976-77, 2002-03, 1935-36, 1945-46, 1946-47, 1961-62, 1969-70, 1973-74, 1974-75, 1979-80, 1981-82, 1988-89, 1992-93.
	-Supercopa de Italia (5): 1988, 1992, 1993, 1994, 2004.
	-Serie B (2): 1980-81, 1982-83.
• Torneos internacionales:	-Copa Intercontinental (3): 1969, 1989, 1990.
	-Copa de Europa (7): 1962-63, 1968-69, 1988-89, 1989-90, 1993-94, 2002-03, 2006-07.
	-Supercopa de Europa (5): 1989, 1990, 1995, 2003, 2007.
	-Copa Mundial de Clubes (1): 2007.
	-Recopa de Europa (2): 1967-68, 1972-73.
• Sitio web:	http://www.acmilan.com

AS Roma

• Ciudad:	Roma, Italia
• Apodos:	*Giallorossi, la mágica, los lobos*
• Fundación:	22 de julio de 1927
• Estadio:	Olímpico di Roma (81.903)
• Colores:	Burdeos
• Torneos nacionales:	-Título de Liga (3): 1941-42, 1982-83, 2000-01.
	-Copa de Italia (9): 1963-64, 1968-69, 1979-80, 1980-81, 1983-84,1985-86, 1990-91, 2006-07, 2007-08.
	-Supercopa de Italia (2): 2001, 2007.
	-Serie B (1): 1951-52.
• Torneos internacionales:	-Torneo Anglo-Italiano (1): 1971-72.
• Sitio web:	http://www.asroma.it

FC Internazionale Milano

• Ciudad:	Milán, Italia
• Apodos:	*Nerazzurri, inter, il biscione*
• Fundación:	9 de marzo de 1908
• Estadio:	Stadio Giuseppe Meazza (82.955)
• Colores:	Violeta
• Torneos nacionales:	-Título de Liga (17): 1910, 1920, 1930, 1938, 1940, 1953, 1954, 1963, 1965, 1966, 1971, 1980, 1989, 2006, 2007, 2008, 2009. -Copa de Italia (5): 1939, 1978, 1982, 2005 y 2006. -Supercopa de Italia (4): 1989, 2005, 2006 y 2008.
• Torneos internacionales:	-Copa Intercontinental (2): 1964 y 1965. -Copa de Europa (2): 1963-64 y 1964-65. -Copa de la UEFA (3): 1991, 1994 y 1998.
• Sitio web:	http://www.inter.it

AC Firenze Fiorentina

• Ciudad:	Florencia, Italia
• Apodos:	*Viola, fiore*
• Fundación:	26 de agosto de 1926
• Estadio:	Stadio Artemio Franchi (82.955)
• Colores:	Azul y negro
• Torneos nacionales:	-Título de Liga (2): 1955-56, 1968-69. -Copa de Italia (6): 1939-40, 1960-61, 1965-66, 1974-75, 1995-96, 2000-01. -Supercopa de Italia (1): 1996.
• Torneos internacionales:	-Recopa de Europa (1) 1960-61.
• Sitio web:	http://it.violachannel.tv

Alemania

HAMBURGO

BREMEN

DORTMUND

MÚNICH

FC Bayern München

- **Ciudad:**   Múnich, Alemania
- **Apodo:**   *Los bávaros*
- **Fundación:**   27 de febrero de 1900
- **Estadio:**   Allianz Arena (69.901)
- **Colores:**   Rojo
- **Torneos nacionales:**   -Bundesliga (21): 1931-32, 1968-69, 1971-72, 1972-73, 1973-74, 1979-80, 1980-81, 1984-85, 1985-86, 1986-87, 1988-89, 1989-90, 1993-94, 1996-97, 1998-99, 1999-00, 2000-01, 2002-03, 2004-05, 2005-06, 2007-08.
  -Copa de Alemania (14): 1956-57, 1965-66, 1966-67, 1968-69, 1970-71, 1981-82, 1983-84, 1985-86, 1997-98, 1999-00, 2002-03, 2004-05, 2005-06, 2007-08.
  -Supercopa de Alemania (3): 1982 (no oficial), 1987, 1990.
  -Copa de la Liga de Alemania (6): 1997, 1998, 1999, 2000, 2004, 2007.
- **Torneos internacionales:**   -Copa Intercontinental (2): 1976, 2001.
  -Copa de Europa (4): 1973-74, 1974-75, 1975-76, 2000-01.
  -Recopa de Europa (1): 1966-67.
  -Copa de la UEFA (1): 1995-96.
- **Sitio web:**   http://www.fcbayern.t-home.de

Hamburger Sport-Verein

- **Ciudad:**   Hamburgo, Alemania
- **Apodos:**   *HSV, el dinosaurio, rothosen*
- **Fundación:**   29 de septiembre de 1887
- **Estadio:**   HSH Nordbank Arena (57.000)
- **Colores:**   Blanco y rojo
- **Torneos nacionales:**   -Bundesliga (6): 1922 (no oficial), 1923, 1927-28, 1959-60, 1978-79, 1981-82, 1982-83.
  -Copa de Alemania (3): 1963, 1976, 1987.
  -Copa de la Liga (2): 1973, 2003.
- **Torneos internacionales:**   -Copa de Europa (1): 1982-83.
  -Recopa de Europa (1): 1977.
  -Copa Intertoto de la UEFA (2): 2005, 2007.
- **Sitio web:**   http://www.hsv.de

BV Borussia 1909 Dortmund

- **Ciudad:**   Dormund, Alemania
- **Apodos:**   *BVB, BVB 09, die schwarzgelben*
- **Fundación:**   12 de diciembre de 1909
- **Estadio:**   Signal Iduna Park (82.932)
- **Colores:**   Amarillo y negro
- **Torneos nacionales:**   -Bundesliga (6): 1955-56, 1956-57, 1962-63, 1994-95, 1995-96, 2001-02.
                                              -Copa de Alemania (2): 1964-65, 1988-89.
                                              -Supercopa de Alemania (4): 1988-89, 1994-95, 1995-96, 2007-08.
- **Torneos internacionales:** -Copa Intercontinental (1): 1997.
                                              -Copa de Europa (1): 1996-97.
                                              -Recopa de Europa (1): 1965-66.
- **Sitio web:**   http://www.bvb.de

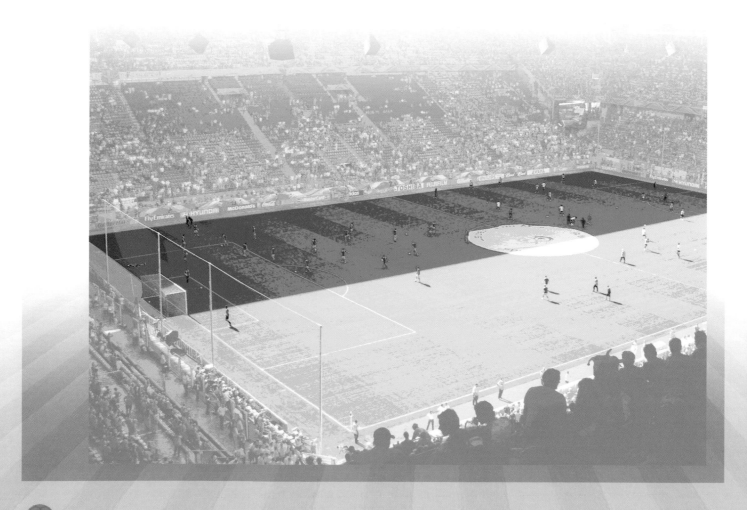

SV Werder Bremen

- **Ciudad:**   Bremen, Alemania
- **Apodos:**   *Werder, die grün-weißen*
- **Fundación:**   4 de febrero de 1899
- **Estadio:**   Weserstadion Bremen (43.500)
- **Colores:**   Blanco y verde
- **Torneos nacionales:**   -Bundesliga (4): 1964-65, 1987-88, 1992-93, 2003-04.
                                  -Copa de Alemania (6): 1960-61, 1990-91, 1993-94,
                                  1998-99, 2003-04, 2008-09.
                                  -Supercopa de Alemania (4): 1988, 1993, 1994, 2009.
                                  -Copa de la Liga de Alemania (1): 2006.
- **Torneos internacionales:**   -Recopa de Europa (1): 1992.
                                  -Copa Intertoto de la UEFA (1): 1998.
- **Sitio web:**   http://www.werder.de

Francia

PARÍS

LYON

MÓNACO

MARSELLA

Olympique de Marseille

- **Ciudad:** Marsella, Francia
- **Apodos:** *OM, ohème, Olympique, phocéens*
- **Fundación:** 1899
- **Estadio:** Stade Vélodrome (60.031)
- **Colores:** Blanco
- **Torneos nacionales:** -Liga 1 (8): 1937, 1948, 1971, 1972, 1989, 1990, 1991, 1992.
  -Liga 2 (1): 1995.
  -Copa de Francia (10): 1924, 1926, 1927, 1935, 1938, 1943, 1969, 1972, 1976, 1989.
  -Supercopa de Francia (1): 1971.
- **Torneos internacionales:** -Copa de Europa (1): 1993.
  -Copa Intertoto de la UEFA (1): 2005.
- **Sitio web:** http://www.om.net

AS Monaco FC

- **Ciudad:** Mónaco, Mónaco
- **Apodo:** *Les rouge et blanc*
- **Fundación:** 1919
- **Estadio:** Stade Louis II (18.521)
- **Colores:** Rojo y blanco
- **Torneos nacionales:** -Liga 1 (7): 1961, 1963, 1978, 1982, 1988, 1997, 2000.
  -Division d'Honneur (2): 1933, 1948.
  -Copa de Francia (5): 1960, 1963, 1980, 1985, 1991.
  -Copa de la Liga (1): 2003.
  -Supercopa de Francia (2): 1997, 2000.
- **Torneos internacionales:** -Copa de los Alpes (3): 1979, 1983, 1984.
- **Sitio web:** http://www.asm-fc.com

Olympique Lyonnais

- **Ciudad:**   Lyon, Francia
- **Apodo:**   *Les gones*
- **Fundación:**   1950
- **Estadio:**   Stade Gerland (41.044)
- **Colores:**   Rojo, azul y blanco
- **Torneos nacionales:**   -Liga 1 (7): 2002, 2003, 2004, 2005, 2006, 2007 y 2008.
  -Liga 2 (3): 1951, 1954, 1989.
  -Copa de Francia (4): 1964, 1967, 1973, 2008.
  -Copa de la Liga (1): 2001.
  -Supercopa de Francia (7): 1973, 2002, 2003, 2004, 2005, 2006, 2007.
- **Torneos internacionales:**   **-**Copa Intertoto de la UEFA (1): 1997 (junto a AJ Auxerre y SC Bastia).
- **Sitio web:**   http://www.olweb.fr

Paris Saint-Germain FC

- **Ciudad:**   París, Francia
- **Apodo:**   *PSG*
- **Fundación:**   21 de junio de 1904
- **Estadio:**   Parc des Princes (48.712)
- **Colores:**   Azul y rojo
- **Torneos nacionales:**   -Liga 1 (2): 1986, 1994.
  -Liga 2 (1): 1971.
  -Copa de Francia (7): 1982, 1983, 1993, 1995, 1998, 2004, 2006.
  -Copa de la Liga (3): 1995, 1998, 2008.
  -Supercopa de Francia (2): 1995, 1998.
- **Torneos internacionales:** -Recopa de Europa (1): 1996.
  -Copa Intertoto de la UEFA (1): 2001.
- **Sitio web:**   http://www.psg.fr

Inglaterra y Escocia

GLASGOW

MÁNCHESTER

LIVERPOOL

LONDRES

Manchester United FC

- **Ciudad:** Mánchester, Inglaterra
- **Apodo:** *Red devils*
- **Fundación:** 1878
- **Estadio:** Old Trafford (76.000)
- **Colores:** Rojo y blanco
- **Torneos nacionales:** -Premier League (18): 1907-08, 1910-11, 1951-52, 1955-56, 1956-57, 1964-65, 1966-67, 1992-93, 1993-94, 1995-96, 1996-97, 1998-99, 1999-00, 2000-01, 2002-03, 2006-07, 2007-08, 2008-09.
  -Copa de Inglaterra (11): 1908-09, 1947-48, 1962-63, 1976-77, 1982-83, 1984-85, 1989-90, 1993-94, 1995-96, 1998-99, 2003-04.
  -Copa de la Liga (3): 1991-92, 2005-06, 2008-09.
  -Community Shield (17): 1908, 1911, 1952, 1956, 1957, 1965, 1967, 1977, 1983, 1990, 1993, 1994, 1996, 1997, 2003, 2007, 2008.
  -Football League Second Division (2): 1935-36, 1974-75.
- **Torneos internacionales:** -Copa Intercontinental (1): 1999.
  -Copa Mundial de Clubes de la FIFA (1): 2008.
  -Copa de Europa (3): 1967-68, 1998-99 y 2007-08.
  -Recopa de Europa (1): 1990-91.
  -Supercopa de Europa (1): 1991.
- **Sitio web:** http://www.manutd.com

Arsenal FC

- **Ciudad:** Londres, Inglaterra
- **Apodo:** *The gunners*
- **Fundación:** 1886
- **Estadio:** Emirates Stadium (60.432)
- **Colores:** Rojo y blanco
- **Torneos nacionales:** -Premier League (13): 1930-31, 1932-33, 1933-34, 1934-35, 1937-38, 1947-48, 1952-53, 1970-71, 1988-89, 1990-91, 1997-98, 2001-02, 2003-04.
  -Copa de Inglaterra (10): 1929-30, 1935-36, 1949-50, 1970-71, 1978-79, 1992-93, 1997-98, 2001-02, 2002-03, 2004-05.
  -Football League Cup (2): 1986-87, 1992-93.
  -Community Shield (12): 1930, 1931, 1933, 1934, 1938, 1948, 1953, 1991, 1998, 1999, 2002, 2004.
- **Torneos internacionales:** -Recopa de Europa (1): 1993-94.
- **Sitio web:** http://www.arsenal.com

Liverpool FC

• Ciudad:	Liverpool, Inglaterra
• Apodo:	*The reds*
• Fundación:	15 de marzo de 1892
• Estadio:	Anfield (45.276)
• Colores:	Rojo
• Torneos nacionales:	-Premier League (18): 1900-01, 1905-06, 1921-22, 1922-23, 1946-47, 1963-64, 1965-66, 1972-73, 1975-76, 1976-77, 1978-79, 1979-80, 1981-82, 1982-83, 1983-84, 1985-86, 1987-88, 1989-90.

-Football League Second Division (4): 1893-94, 1895-96, 1904-05,1961-62.

-Copa de Inglaterra (7): 1964-65, 1973-74, 1985-86, 1988-89, 1991-92, 2000-01, 2005-06.

-Copa de la Liga de Inglaterra (7): 1980-81, 1981-82, 1982-83, 1983-84, 1994-95, 2000-01, 2002-03.

-Community Shield (15): 1964, 1965, 1966, 1974, 1976, 1977, 1979, 1980, 1982, 1986, 1988, 1989, 1990, 2001, 2006.

-Reserves Division One Winners (18): 1957, 1969, 1970, 1971, 1973, 1974, 1975, 1976, 1977, 1979, 1980, 1981, 1982, 1984, 1985, 1990, 2000, 2008.

• Torneos internacionales:	-Copa de Europa (5): 1976-77, 1977-78, 1980-81, 1983-84 y 2004-05.

-Copa de la UEFA (3): 1972-73, 1975-76 y 2000-01.

-Supercopa de Europa (3): 1977, 2001, 2005.

• Sitio web:	http://www.liverpoolfc.tv

The Celtic FC

• Ciudad:	Glasgow, Escocia
• Apodos:	*The bhoys, the hoops, the tims, lions, greens, the celts*
• Fundación:	25 de mayo de 1888
• Estadio:	Celtic Park (60.837)
• Colores:	Verde y blanco
• Torneos nacionales:	-Premier League de Escocia (42): 1893, 1894, 1896, 1898, 1905, 1906, 1907, 1908, 1909, 1910, 1914, 1915, 1916, 1917, 1919, 1922, 1926, 1936, 1938, 1954, 1966, 1967, 1968, 1969, 1970, 1971, 1972, 1973, 1974, 1977, 1979, 1981, 1982, 1986, 1988, 1998, 2001, 2002, 2004, 2006, 2007, 2008.
	-Copa de Escocia (34): 1892, 1899, 1900, 1904, 1907, 1908, 1911, 1912, 1914, 1923, 1925, 1927, 1931, 1933, 1937, 1951, 1954, 1965, 1967, 1969, 1971, 1972, 1974, 1975, 1977, 1980, 1985, 1988, 1989, 1995, 2001, 2004, 2005, 2007.
	-Copa de la Liga de Escocia (14): 1957, 1958, 1966, 1967, 1968, 1969, 1970, 1975, 1983, 1998, 2000, 2001, 2006, 2009.
• Torneos internacionales:	-Copa de Europa (1): 1967.
• Sitio web:	http://www.celticfc.net

Rangers FC

• Ciudad:	Glasgow, Escocia
• Apodos:	*The gers, light blues, Teddy bears, the Queens' eleven.*
• Fundación:	25 de mayo de 1873
• Estadio:	Ibrox Stadium (51.082)
• Colores:	Azul y blanco
• Torneos nacionales:	-Premier League de Escocia (52): 1891, 1899, 1900, 1901, 1902, 1911, 1912, 1913, 1918, 1920, 1921, 1923, 1924, 1925, 1927, 1928, 1929, 1930, 1931, 1933, 1934, 1935, 1937, 1939, 1947, 1949, 1950, 1953, 1956, 1957, 1959, 1961, 1963, 1964, 1975, 1976, 1978, 1987, 1989, 1990, 1991, 1992, 1993, 1994, 1995, 1996, 1997, 1999, 2000, 2003, 2005, 2009.
	-Copa de Escocia (33): 1894, 1897, 1898, 1903, 1928, 1930, 1932, 1934, 1935, 1936, 1948, 1949, 1950, 1953, 1960, 1962, 1963, 1964, 1966, 1973, 1976, 1978, 1979, 1981, 1992, 1993, 1996, 1999, 2000, 2002, 2003, 2008, 2009.
	-Copa de la Liga de Escocia (25): 1947, 1949, 1961, 1962, 1964, 1965, 1971, 1976, 1978, 1979, 1982, 1984, 1985, 1987, 1988, 1989, 1991, 1993, 1994, 1997, 1999, 2002, 2003, 2005, 2008.
• Torneos internacionales:	-Recopa de Europa (1): 1971-72.
• Sitio web:	http://www.rangers.co.uk

Portugal

LISBOA

Sport Lisboa e Benfica

- **Ciudad:**   Lisboa, Portugal
- **Apodos:**   *Águilas, el glorioso, los encarnados*
- **Fundación:**   28 de febrero de 1904
- **Estadio:**   Estádio da Luz (65.400)
- **Colores:**   Rojo y blanco
- **Torneos nacionales:**   -Primera División de Portugal (31): 1935-36, 1936-37, 1937-38, 1941-42, 1942-43, 1944-45, 1949-50, 1954-55, 1956-57, 1959-60, 1960-61, 1962-63, 1963-64, 1964-65, 1966-67, 1967-68, 1968-69, 1970-71, 1971-72, 1972-73, 1974-75, 1975-76, 1976-77, 1980-81, 1982-83, 1983-84, 1986-87, 1988-89, 1990-91, 1993-94, 2004-05.
  -Copa de Portugal (24): 1939-40, 1942-43, 1943-44, 1948-49, 1950-51, 1951-52, 1952-53, 1954-55, 1956-57, 1958-59, 1961-62, 1963-64, 1968-69, 1969-70, 1971-72, 1979-80, 1980-81, 1982-83, 1984-85, 1985-86, 1986-87, 1992-93, 1995-96, 2003-04.
  -Supercopa de Portugal (4): 1979-80, 1984-85, 1988-89, 2004-05.
  -Campeonato de Portugal (1921 a 1938) (3): 1929-30, 1930-31, 1934-35.
  -Copa de la Liga portuguesa (1): 2008-09.
- **Torneos internacionales:**   -Copa de Europa (2): 1960-61, 1961-62.
  -Copa Latina: 1949-50.
  -Copa Ibérica: 1983.
- **Sitio web:**   http://www.slbenfica.pt

Sporting Clube de Portugal

- **Ciudad:**   Lisboa, Portugal
- **Apodos:**   *Leones, verdes y blancos*
- **Fundación:**   1 de julio de 1906
- **Estadio:**   José Alvalade (52.000)
- **Colores:**   Verde y blanco
- **Torneos nacionales:**   -Primera División de Portugal (18): 1940-41, 1943-42, 1946-47, 1947-48, 1948-49, 1950-51, 1951-52, 1952-53, 1953-54, 1957-58, 1961-62, 1965-66, 1969-70, 1973-74, 1979-80, 1981-82, 1999-00, 2001-02.
  -Campeonato de Portugal (4): 1922-23, 1933-34, 1935-36, 1937-38.
  -Copa de Portugal (15): 1940-41, 1944-45, 1945-46, 1947-48, 1953-54, 1962-63, 1970-71, 1972-73, 1973-74, 1977-78, 1981-82, 1994-95, 2001-02, 2006-07, 2007-08.
  -Supercopa de Portugal (7): 1981-82, 1986-87, 1994-95, 1999-00, 2001-02, 2007-08, 2008-09.
- **Torneos internacionales:**   -Recopa de Europa (1): 1963-64.
- **Sitio web:**   http://www.sporting.pt

Bélgica y Países Bajos

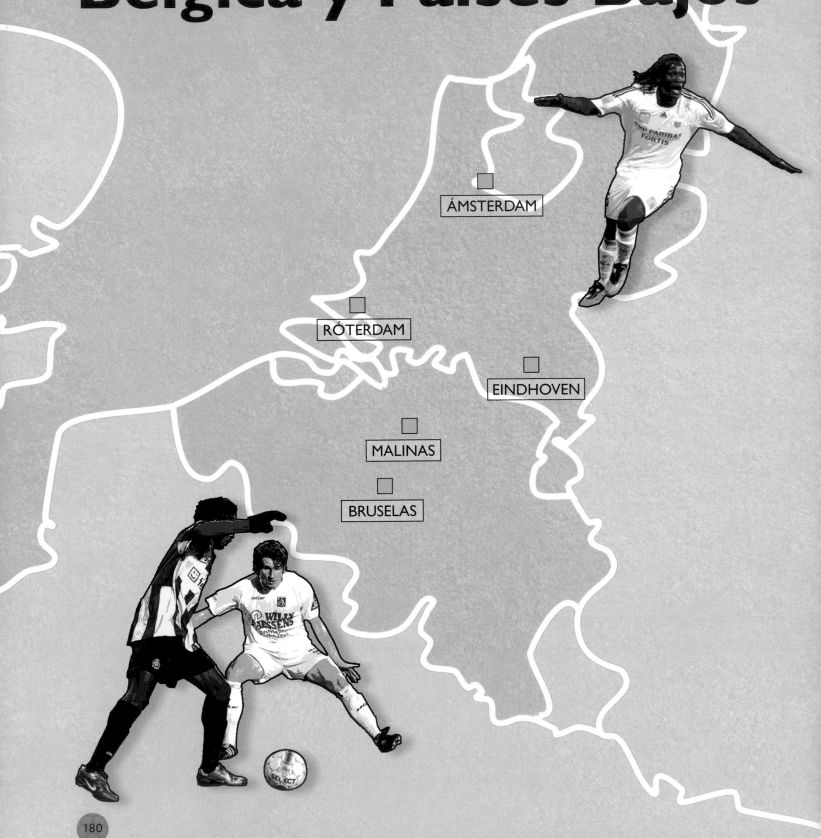

ÁMSTERDAM

RÓTERDAM

EINDHOVEN

MALINAS

BRUSELAS

RSC Anderlecht

- **Ciudad:** Bruselas, Bélgica
- **Apodo:** *Los púrpuras y blancos*
- **Fundación:** 27 de mayo de 1908
- **Estadio:** Constant Vanden Stock (28.361)
- **Colores:** Blanco y malva
- **Torneos nacionales:** -Título de liga (29): 1946-47, 1948-49, 1949-50, 1950-51, 1953-54, 1954-55, 1955-56, 1958-59, 1961-62, 1963-64, 1964-65, 1965-66, 1966-67, 1967-68, 1971-72, 1973-74, 1980-81, 1984-85, 1985-86, 1986-87, 1990-91, 1992-93, 1993-94, 1994-95, 1999-00, 2000-01, 2003-04, 2005-06 y 2006-07.
  -Copa de Bélgica (8): 1964-65, 1971-72, 1972-73, 1974-75, 1975-76, 1987-88, 1988-89, 1993-94, 2007-08.
  -Copa de la Liga de Bélgica (1): 1999-2000.
  -Supercopa de Bélgica (8): 1985, 1987, 1993, 1995, 2000, 2001, 2006, 2007.
  -Tweede Klasse (II) (2): 1923-24, 1934-35.
- **Torneos internacionales:** -Recopa de Europa (2): 1975-76, 1977-78.
  -Copa de la UEFA (1): 1982-83.
  -Supercopa de Europa (2): 1975-76, 1977-78.
  -Torneo Esperanzas de Toulon (1): 1967.
- **Sitio web:** http://www.rsca.be

RKV Malinas

- **Ciudad:** Malinas, Bélgica
- **Apodos:** *Cariechedes, malinois*
- **Fundación:** 1904
- **Estadio:** Estadio Argos Achter de Kazerne (14.145)
- **Colores:** Rojo y amarillo
- **Torneos nacionales:** -Título de Liga (4): 1943, 1946, 1948, 1989.
  -Segunda División de Bélgica (5): 1928, 1963, 1983, 1999, 2002.
  -Copa de Bélgica (1): 1987.
- **Torneos internacionales:** -Recopa de Europa (1): 1988.
  -Supercopa de Europa (1): 1988.
- **Sitio web:** http://www.kvmechelen.be

Ajax Amsterdam

- **Ciudad:** Ámsterdam, Países Bajos
- **Apodos:** *Joden (judíos), godenzonen (hijos de Dios)*
- **Fundación:** 18 de marzo de 1900
- **Estadio:** Amsterdam Arena (51.628)
- **Colores:** Rojo y blanco
- **Torneos nacionales:** -Título de liga (29): 1918, 1919, 1931, 1932, 1934, 1937, 1939, 1947, 1957, 1960, 1966, 1967, 1968, 1970, 1972, 1973, 1977, 1979, 1980, 1982, 1983, 1985, 1990, 1994, 1995, 1996, 1998, 2002, 2004.
  -Copa de los Países Bajos (17): 1917, 1943, 1961, 1967, 1970, 1971, 1972, 1979, 1983, 1986, 1987, 1993, 1998, 1999, 2002, 2006, 2007.
  -Supercopa de los Países Bajos (7): 1993, 1994, 1995, 2002, 2005, 2006, 2007.
  -Afdelingskampioen Eerste Klasse (17): 1918, 1919, 1922, 1927, 1928, 1930, 1931, 1932, 1934, 1935, 1936, 1937, 1939, 1946, 1947, 1950, 1952.
- **Torneos internacionales:** -Copa Intercontinental (2): 1972, 1995.
  -Copa de Europa (4): 1971, 1972, 1973, 1995.
  -Recopa de Europa (1): 1987.
  -Copa de la UEFA (1): 1992.
  -Supercopa de Europa (2): 1973, 1995.
- **Sitio web:** http://www.ajax.nl

PSV Eindhoven

- **Ciudad:** Ámsterdam, Países Bajos
- **Apodos:** *Boeren, rood-witten*
- **Fundación:** 31 de agosto de 1913
- **Estadio:** Philips Stadion (35.000)
- **Colores:** Rojo y blanco
- **Torneos nacionales:** -Título de liga (21): 1928-29, 1934-35, 1950-51, 1962-63, 1974-75, 1975-76, 1977-78, 1985-86, 1986-87, 1987-88, 1988-89, 1990-91, 1991-92, 1996-97, 1999-00, 2000-01, 2002-03, 2004-05, 2005-06, 2006-07, 2007-08;
  -Copa de los Países Bajos (8): 1949-50, 1973-74, 1975-76, 1987-88, 1988-89, 1989-90, 1995-96, 2004-05.
  -Supercopa de los Países Bajos (7): 1991-92, 1995-96, 1996-97, 1997-98, 1999-00, 2000-01, 2002-03, 2008-09.
- **Torneos internacionales:** -Copa de Europa (1): 1987-88.
  -Copa de la UEFA (1): 1977-78.
- **Sitio web:** http://www.psv.nl

Feyenoord Rotterdam

- **Ciudad:** Róterdam, Países Bajos
- **Apodos:** *El popular, los industriales*
- **Fundación:** 19 de julio de 1908
- **Estadio:** Stadion Feijenoord (51.577)
- **Colores:** Rojo y blanco
- **Torneos nacionales:** -Título de liga (14): 1924, 1928, 1936, 1938, 1940, 1961, 1962, 1965, 1969, 1971, 1974, 1984, 1993, 1999.
  -Copa de los Países Bajos (11): 1930, 1935, 1965, 1969, 1980, 1984, 1991, 1992, 1994, 1995.
  -Supercopa de los Países Bajos (2): 1991, 1999.
- **Torneos internacionales:** -Copa de Europa (1): 1970.
  -Copa Intercontinental (1): 1970.
  -Copa de la UEFA (2): 1974, 2002.
- **Sitio web:** http://www.feyenoord.nl

Grecia

ATENAS

EL PIREO

Olympiacos FC

- **Ciudad:**   El Pireo, Grecia
- **Apodo:**   *La leyenda*
- **Fundación:**   1925
- **Estadio:**   Estadio Georgios Karaiskakis (33.500)
- **Colores:**   Blanco y rojo
- **Torneos nacionales:**   -Título de liga (37): 1931, 1933, 1934, 1936, 1937, 1938, 1947, 1948, 1951, 1954, 1955, 1956, 1957, 1958, 1959, 1966, 1967, 1973, 1974, 1975, 1980, 1981, 1982, 1983, 1987, 1997, 1998, 1999, 2000, 2001, 2002, 2003, 2005, 2006, 2007, 2008, 2009.
  -Copa de Grecia (23): 1947, 1951, 1952, 1953, 1954, 1957, 1958, 1959, 1960, 1961, 1963, 1965, 1968, 1971, 1973, 1975, 1981, 1990, 1992, 1999, 2005, 2006, 2008, 2009.
  -Supercopa de Grecia (4): 1980, 1987, 1992, 2007.
- **Torneos internacionales:**
- **Sitio web:**   http://www.olympiacos.org

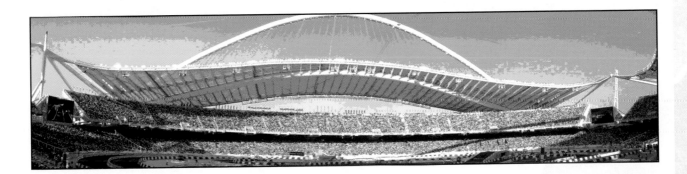

PAE Panathinaikos

- **Ciudad:**   Atenas, Grecia
- **Apodo:**   *Los verdes*
- **Fundación:**   1908
- **Estadio:**   Spyros Louis (71.030)
- **Colores:**   Verde y blanco
- **Torneos nacionales:**   -Título de liga (19): 1930, 1949, 1953, 1960, 1961, 1962, 1964, 1965, 1969, 1970, 1972, 1977, 1984, 1986, 1990, 1991, 1995, 1996, 2004.
  -Copa de Grecia (16): 1940, 1948, 1955, 1967, 1969, 1977, 1982, 1984, 1986, 1988, 1989, 1991, 1993, 1994, 1995, 2004.
  -Supercopa de Grecia (3): 1988, 1994, 1995.
- **Torneos internacionales:**   -Copa de los Balcanes (1): 1978.
- **Sitio web:**   http://www.pao.gr

Hungría

BUDAPEST

Ferencváros TC

• Ciudad:	Budapest, Hungría
• Apodo:	*Águilas verdes*
• Fundación:	31 de mayo de 1899
• Estadio:	Ülloi (18.100)
• Colores:	Verde y blanco
• Torneos nacionales:	-Título de liga (28): 1903, 1905, 1907, 1909, 1910, 1911, 1912, 1913, 1926, 1927, 1928, 1932, 1934, 1938, 1940, 1941, 1949, 1963, 1964, 1967, 1968, 1976, 1981, 1992, 1995, 1996, 2001, 2004.
	-Copa de Hungría (20): 1913, 1922, 1927, 1928, 1933, 1935, 1942, 1943, 1944, 1958, 1972, 1974, 1976, 1978, 1991, 1993, 1994, 1995, 2003, 2004.
	-Supercopa Húngara (4): 1993, 1994, 1995 y 2004.
• Torneos internacionales:	-Copa de Ferias (1): 1965.
	-Copa Mitropa (2): 1928, 1937.
• Sitio web:	http://www.ftc.hu

MTK Hungría

• Ciudad:	Budapest, Hungría
• Apodo:	
• Fundación:	16 de noviembre de 1888
• Estadio:	Stadion Hidegkuti Nándor (12.700)
• Colores:	Azul y blanco
• Torneos nacionales:	-Título de liga (23): 1904, 1907-08, 1913-14, 1916-17, 1917-18, 1918-19, 1919-20, 1920-21, 1921-22, 1922-23, 1923-24, 1924-25, 1928-29, 1935-36, 1936-37, 1951, 1953, 1957-58, 1986-87, 1996-97, 1998-99, 2002-03, 2007-08.
	-Copa de Hungría (12): 1909-10, 1910-11, 1911-12, 1913-14, 1922-23, 1924-25, 1931-32, 1951-52, 1968, 1996-97, 1997-98, 1999-00.
	-Supercopa de Hungría (2): 2003, 2008.
• Torneos internacionales:	-Copa Mitropa (2): 1955, 1963.
• Sitio web:	http://www.mtkhungaria.hu

República Checa

TEPLICE

PRAGA

Athletic Club Sparta Praha fotbal

- **Ciudad:** Praga, República Checa
- **Apodo:** *Hierro espartano*
- **Fundación:** 16 de noviembre de 1893
- **Estadio:** Toyota Arena (20.565)
- **Colores:** Granate y blanco
- **Torneos nacionales:** -Liga de Checoslovaquia (24): 1912, 1919, 1922, 1926, 1927, 1932, 1936, 1938, 1939, 1944, 1946, 1948, 1952, 1954, 1965, 1967, 1984, 1985, 1987, 1988, 1989, 1990, 1991, 1993.
  -Copa de Checoslovaquia (12): 1909, 1943, 1944, 1946, 1964, 1972, 1976, 1980, 1984, 1988, 1989, 1992.
  -Liga de la República Checa (9): 1994, 1995, 1997, 1998, 1999, 2000, 2001, 2003, 2005, 2007.
  -Copa de la República Checa (4): 1996, 2004, 2006, 2007.
- **Torneos internacionales:** -Copa Mitropa (3): 1927, 1935, 1964.
  -Copa Intertoto (3): 1980, 1985, 1989.
- **Sitio web:** http://www.sparta.cz

FK Teplice

- **Ciudad:** Teplice, República Checa
- **Apodo:** *Los cristaleros*
- **Fundación:** 1945
- **Estadio:** Na Stínadlech (18.221)
- **Colores:** Amarillo y azul
- **Torneos nacionales:** -Copa de Fútbol de la República Checa (2): 2002-03, 2008-09.
- **Torneos internacionales:** -Iran International Tournament (1): 1975.
- **Sitio web:** http://www.fkteplice.cz

Rumanía

BUCAREST

FC Steaua Bucarest (Fotbal Club Steaua Bucuresti)

- **Ciudad:**   Bucarest, Rumanía
- **Apodo:**   *Los rojos y azules, los militares*
- **Fundación:**   1947
- **Estadio:**   Stadionul Ghencea (7.577)
- **Colores:**   Rojo y azul
- **Torneos nacionales:**   -Liga I (23): 1951, 1952, 1953, 1956, 1959-60, 1960-61, 1967-68, 1975-76, 1977-78, 1984-85, 1985-86, 1986-87, 1987-88, 1988-89, 1992-93, 1993-94, 1994-95, 1995-96, 1996-97, 1997-98, 2000-01, 2004-05, 2005-06.
  -Copa rumana de fútbol (20): 1948-49, 1950-51, 1951-52, 1952-53, 1955-56, 1961-62, 1965-66, 1966-67, 1968-69, 1969-70, 1970-71, 1975-76, 1978-79, 1984-85, 1986-87, 1988-89, 1991-92, 1995-96, 1996-97, 1998-99.
  -Supercopa de Rumanía (5): 1993-94, 1994-95, 1997-98, 2000-01, 2005-06.
- **Torneos internacionales:**   -Copa de Europa (1): 1985-86.
  -Supercopa de Europa (1): 1986.
- **Sitio web:**   http://www.steauafc.com/ro

Dinamo de Bucarest (Fotbal Club Dinamo 1948 Bucuresti)

- **Ciudad:**   Bucarest, Rumanía
- **Apodo:**   *Perros rojos*
- **Fundación:**   14 de mayo de 1948
- **Estadio:**   Stefan Cel Mare (15.300)
- **Colores:**   Rojo y blanco
- **Torneos nacionales:**   -Liga I (18): 1955, 1961-62, 1962-63, 1963-64, 1964-65, 1970-71, 1972-73, 1974-75, 1976-77, 1981-82, 1982-83, 1983-84, 1989-90, 1991-92, 1999-00, 2001-02, 2003-04, 2006-07.
  -Copa de Rumanía (12): 1958-59, 1963-64, 1967-68, 1981-82, 1983-84, 1985-86, 1989-90, 1999-00, 2000-01, 2002-03, 2003-04, 2004-05.
  -Supercopa de Rumanía (1): 2005.
- **Torneos internacionales:**
- **Sitio web:**   http://www.fcdinamo.ro

Turquía

ESTAMBUL

Fenerbahçe

• Ciudad:	Estambul, Turquía
• Apodo:	Canarios amarillos
• Fundación:	1907
• Estadio:	Sükrü Saracoglu Stadyumu (55.500)
• Colores:	Amarillo y azul

• **Torneos nacionales:**
-Campeonato de Fútbol de Turquía (3): 1933, 1935, 1944.
-Liga Nacional (6): 1936-37, 1939-40, 1942-43, 1944-45, 1945-46, 1949-50.
-Superliga de Turquía (17): 1959, 1960-61, 1963-64, 1964-65, 1967-68, 1969-70, 1973-74, 1974-75, 1977-78, 1982-83, 1984-85, 1988-89, 1995-96, 2000-01, 2003-04, 2004-05, 2006-07.
-Copa de Turquía (4): 1967-68, 1973-74, 1978-79, 1982-83.
-Supercopa de Turquía (8): 1968, 1973, 1975, 1984, 1985, 1990, 2007, 2009.
-Copa de Canciller (8): 1944-45, 1945-46, 1949-50, 1972-73, 1979-80, 1988-89, 1992-93, 1997-98.
-Liga de Fútbol de Estambul (16): 1911-12, 1913-14, 1914-15, 1920-21, 1922-23, 1929-30, 1932-33, 1934-35, 1935-36, 1936-37, 1943-44, 1946-47, 1947-48, 1952-53, 1956-57, 1958-59.

• **Torneos internacionales:** -Copa de los Balcanes (1): 1966-67.

• **Sitio web:** http://www.fenerbahce.org

Galatasaray (Galatasaray Spor Kulübü)

• Ciudad:	Estambul, Turquía
• Apodo:	*Leones*
• Fundación:	1905
• Estadio:	Ali Sami Yen Stadium (25.000)
• Colores:	Rojo y amarillo

• **Torneos nacionales:**
-Superliga de Turquía (17): 1962, 1963, 1969, 1971, 1972, 1973, 1987, 1988, 1993, 1994, 1997, 1998, 1999, 2000, 2002, 2006, 2008.
-Copa de Turquía (14): 1963, 1964, 1965, 1966, 1973, 1976, 1982, 1985, 1991, 1993, 1994, 1995, 1999, 2000, 2001, 2005.
-Supercopa turca de fútbol (11): 1966, 1969, 1972, 1982, 1987, 1988, 1991, 1993, 1996, 1997, 2008.
-Copa del Canciller (5): 1975, 1979, 1986, 1990, 1995.
-Liga de Estambul (6): 1925, 1926, 1927, 1929, 1931, 1949.

• **Torneos internacionales:**
-Copa de la UEFA (1): 2000
-Supercopa de Europa (1): 2000

• **Sitio web:** http://www.galatasaray.org

Otros clubes europeos

FK Austria Viena

- **Ciudad:** Viena, Austria
- **Apodo:** *Los violetas*
- **Fundación:** 12 de marzo de 1911
- **Estadio:** Franz Horr Stadion (11.800)
- **Colores:** Violeta y blanco
- **Sitio web:** http://www.fk-austria.at

CSKA Moscú

- **Ciudad:** Moscú, Rusia
- **Apodo:** *Caballos*
- **Fundación:** 1911
- **Estadio:** Estadio Olímpico Luzhniki (84.745)
- **Colores:** Rojo y azul
- **Sitio web:** http://www.pfc-cska.com

FC Dínamo Moscú

- **Ciudad:** Moscú, Rusia
- **Apodo:** *Albiazules*
- **Fundación:** 1923
- **Estadio:** Estadio Dinamo (36.000)
- **Colores:** Azul y blanco
- **Sitio web:** http://www.fcdynamo.ru

Spartak Moscú

- **Ciudad:** Moscú, Rusia
- **Apodos:** *Rojiblancos, equipo popular*
- **Fundación:** 1922
- **Estadio:** Estadio Olímpico Luzhniki (84.745)
- **Colores:** Rojo y blanco
- **Sitio web:** http://eng.spartak.com

IFK Göteborg (Idrottsföreningen Kamraterna Göteborg)

- Ciudad: Gotemburgo, Suecia
- Apodos: *Blanquiazules, ángeles*
- Fundación: 4 de octubre de 1904
- Estadio: Ullevi (18.000)
- Colores: Blanco y azul
- Sitio web: http://star1.ifkgoteborg.se

FC Dínamo Kiev

- Ciudad: Kiev, Ucrania
- Apodo:
- Fundación: 1927
- Estadio: Lobanovsky Dynamo Stadium (16.900)
- Colores: Blanco y azul celeste
- Sitio web: http://www.fcdynamo.kiev.ua

Rapid Viena

- Ciudad: Viena, Austria
- Apodo: *Los blanquiverdes*
- Fundación: 8 de enero de 1899
- Estadio: Gerhard-Hanappi-Stadion (18.500)
- Colores: Blanco y verde
- Sitio web: http://www.skrapid.at

Estrella Roja Belgrado

- Ciudad: Belgrado, Serbia
- Apodos: *Zvezda, crveno-beli, delije*
- Fundación: 4 de marzo de 1945
- Estadio: Estadio Estrella Roja (51.328)
- Colores: Blanco y rojo
- Sitio web: http://www.redstarbelgrade.com

Cracovia

- Ciudad: Cracovia, Polonia
- Apodo: *Los centuriones*
- Fundación: 13 de junio de 1906
- Estadio: Estadio de Cracovia (10.000)
- Colores: Rojo y blanco
- Sitio web: http://www.cracovia.pl

Sudamérica

BOGOTÁ ☐

☐ SANTOS

☐ RÍO DE JANEIRO

☐ SÃO PAULO

☐ MONTEVIDEO

SANTIAGO ☐

☐ BUENOS AIRES

CD Los Millonarios

- **Ciudad:** Bogotá, Colombia
- **Apodos:** *Millos, los embajadores, el ballet azul, los azules, los capitalinos*
- **Fundación:** 18 de junio de 1946
- **Estadio:** Nemesio Camacho *El Campín* (46.018)
- **Colores:** Azul y blanco
- **Torneos nacionales:** -Fútbol Profesional Colombiano (13): 1949, 1951, 1952, 1953, 1959, 1961, 1962, 1963, 1964, 1972, 1978, 1987, 1988.
  -Copa Colombia (2): 1952-53, 1962-63.
- **Torneos internacionales:** -Copa Merconorte (1): 2001.
- **Sitio web:** http://www.millonarios.com.co

CA Boca Juniors

- **Ciudad:** Buenos aires, Argentina
- **Apodos:** *Xeneizes, la mitad más uno, bosteros, rey de copas*
- **Fundación:** 3 de abril de 1905
- **Estadio:** Estadio Alberto J. Armando (57.000)
- **Colores:** Azul y amarillo
- **Torneos nacionales:** -Copa Dr. Carlos Ibarguren (5): 1919, 1923, 1924, 1940, 1944.
  -Copa de Competencia Jockey Club (2): 1919, 1925.
  -Campeón de Honor (1): 1925.
  -Copa Estímulo (1): 1926.
  -Copa de Competencia Británica (1): 1946.
  -Copa Argentina de Fútbol (1): 1969.
  -Primera División (23): Campeonato: 1931, 1934, 1935, 1940, 1943, 1944, 1954, 1962, 1964, 1965; Nacional 1969, Nacional 1970; Metropolitano 1976; Nacional 1976; Metropolitano 1981; Apertura 1992, Apertura 1998, Clausura 1999, Apertura 2000, Apertura 2003, Apertura 2005, Clausura 2006, Apertura 2008.
- **Torneos internacionales:** -Copa Intercontinental (3): 1977, 2000, 2003.
  -Copa Libertadores de América (6): 1977, 1978, 2000, 2001, 2003, 2007.
  -Copa Sudamericana (2): 2004, 2005.
  -Recopa Sudamericana (4): 1989, 2005, 2006, 2008.
  -Supercopa Sudamericana (1): 1989.
  -Copa Máster de Supercopa (1): 1992.
  -Copa de Oro Nicolás Leoz (1): 1993.
- **Sitio web:** http://www.bocajuniors.com.ar

CA River Plate

- **Ciudad:** Buenos aires, Argentina
- **Apodos:** *La Banda, los millonarios, gallinas*
- **Fundación:** 25 de mayo de 1901
- **Estadio:** El monumental (65.000)
- **Colores:** Blanco y rojo
- **Torneos nacionales:** -Primera división argentina (33): 1932, 1936, 1937, 1941, 1942, 1945, 1947, 1952, 1953, 1955, 1956, 1957, Metropolitano 1975, Nacional 1975, Metropolitano 1977, Metropolitano 1979, Nacional 1979, Metropolitano 1980, Nacional 1981, 1985-86, 1989-90, Apertura 1991, Apertura 1993, Apertura 1994, Apertura 1996, Clausura 1997, Apertura 1997, Apertura 1999, Clausura 2000, Clausura 2002, Clausura 2003, Clausura 2004, Clausura 2008.
- **Torneos internacionales:** -Copa Intercontinental (1): 1986.
  -Copa Libertadores de América (2): 1986, 1996.
  -Supercopa Sudamericana (1): 1997.
  -Copa Interamericana (1): 1987.
- **Sitio web:** http://www.cariverplate.com.ar

CA Vélez Sarsfield

- **Ciudad:** Buenos aires, Argentina
- **Apodos:** *Fortineros, la V azulada, el fortin de Villa Luro*
- **Fundación:** 1 de enero de 1910
- **Estadio:** José Amalfitani (49.540)
- **Colores:** Blanco y azul
- **Torneos nacionales:** -Primera División Argentina (7): Nacional 1968, Clausura 1993, Apertura 1995, Clausura 1996, Clausura 1998, Clausura 2005, Clausura 2009.
- **Torneos internacionales:** -Copa Libertadores de América (1): 1994.
  -Copa Intercontinental (1): 1994.
  -Copa Interamericana (1): 1996.
  -Supercopa Sudamericana (1): 1996.
  -Recopa Sudamericana (1): 1997.
- **Sitio web:** http://www.velezsarsfield.com.ar

São Paulo FC

- **Ciudad:** São Paulo, Brasil
- **Apodos:** *Tricolor paulista, tricolor do Morumbi, o mais querido, clube da Fé*
- **Fundación:** 25 de enero de 1930
- **Estadio:** Morumbi (Cícero Pompeu de Toledo) (88,900)
- **Colores:** Blanco, rojo y negro
- **Torneos nacionales:** -Campeonato Brasileño de Serie A (6): 1977, 1986, 1991, 2006, 2007, 2008.
- **Torneos internacionales:** -Campeonato Mundial de Clubes de la FIFA (1): 2005.
  -Copa Intercontinental (2): 1992, 1993.
  -Copa Libertadores de América (3): 1992, 1993, 2005.
  -Recopa Sudamericana (2): 1993, 1994.
  -Supercopa Sudamericana (1): 1993.
  -Copa Conmebol (1): 1994.
  -Copa Máster de Conmebol (1): 1996.
- **Sitio web:** http://www.saopaulofc.net

CR Flamengo

- **Ciudad:** Río de Janeiro, Brasil
- **Apodos:** *Rubro-negro, urubu, o mais querido do Brasil, mengão, fla*
- **Fundación:** 17 de noviembre de 1895
- **Estadio:** Estadio da Gávea y Maracanã (120.000)
- **Colores:** Rojo y negro
- **Torneos nacionales:** -Campeonato Brasileño de Serie A (6): 1980, 1982, 1983, 1987, 1992, 2009.
  -Copa de Brasil (2): 1990, 2006.
  -Copa de Campeones (1): 2001.
- **Torneos internacionales:** -Copa Intercontinental (1): 1981.
  -Copa Libertadores de América (1): 1981.
  -Copa Mercosur (1): 1999.
  -Copa de Oro Nicolás Leoz (1): 1996.
- **Sitio web:** http://www.flamengo.com.br

Santos FC

- **Ciudad:** Santos, Brasil
- **Apodos:** *Peixe, alvinegro da Vila, santástico*
- **Fundación:** 14 de abril de 1912
- **Estadio:** Vila Belmiro (20.000)
- **Colores:** Blanco
- **Torneos nacionales:** -Campeonato Brasileño de Serie A (2): 2002, 2004.
  -Taça Brasil (5): 1961, 1962, 1963, 1964, 1965.
  -Torneo Roberto Gomes Pedrosa (1): 1968.
- **Torneos internacionales:** -Copa Intercontinental (2): 1962, 1963.
  -Copa Libertadores de América (2): 1962, 1963.
  -Recopa Mundial (1): 1968.
  -Copa Conmebol (1): 1998.
- **Sitio web:** http://santos.globo.com

CA Peñarol

- **Ciudad:** Montevideo, Uruguay
- **Apodos:** *Manyas, aurinegros, carboneros, mirasoles*
- **Fundación:** 28 de septiembre de 1891
- **Estadio:** Estadio Centenario (76.609)
- **Colores:** Amarillo y negro
- **Torneos nacionales:** -Campeonato Uruguayo (45): 1900, 1901, 1905, 1907, 1911, 1918,
  1921, 1928, 1929, 1932, 1935, 1936, 1937, 1938, 1944, 1945, 1949,
  1951, 1953, 1954, 1958, 1959, 1960, 1961, 1962, 1964, 1965, 1967,
  1968, 1973, 1974, 1975, 1978, 1979, 1981, 1982, 1985, 1986, 1993,
  1994, 1995, 1996, 1997, 1999, 2003.
  -Campeonato Uruguayo de la Fed. Uruguaya de Football (1): 1924.
  -Copa del Consejo Provisorio (1): 1926.
- **Torneos internacionales:** -Copa Intercontinental (3): 1961, 1966, 1982.
  -Copa Libertadores de América (5): 1960, 1961, 1966, 1982, 1987.
  -Supercopa de Campeones Intercontinentales (Sudmca.) (1): 1969.
  -Copa de Honor Cousenier (3): 1909, 1911, 1918.
  -Cup Tie Competition (1): 1916.
  -Copa Aldao (1): 1928.
  -Copa Escobar-Gerona (1): 1942.
- **Sitio web:** http://peñarol.org

Nacional

- **Ciudad:** Montevideo, Uruguay
- **Apodos:** *Bolsos, bolsilludos, albos, tricolores, la blanca*
- **Fundación:** 14 de mayo de 1899
- **Estadio:** Gran Parque Central (20.000)
- **Colores:** Blanco
- **Torneos nacionales:** -Campeonato Uruguayo (42): 1902, 1903, 1912, 1915, 1916, 1917, 1919, 1920, 1922, 1923, 1924, 1933, 1934, 1939, 1940, 1941, 1942, 1943, 1946, 1947, 1950, 1952, 1955, 1956, 1957, 1963, 1966, 1969, 1970, 1971, 1972, 1977, 1980, 1983, 1992, 1998, 2000, 2001, 2002, 2005, 2005-06, 2008-09.
- **Torneos internacionales:** -Copa Intercontinental (3): 1971, 1980, 1988.
  -Copa Libertadores de América (3): 1971, 1980, 1988.
  -Copa Interamericana (2): 1972, 1989.
  -Recopa Sudamericana (1): 1989.
  -Copa Aldao (6): 1916, 1919, 1920, 1940, 1946, 1955.
  -Copa de Honor Cousenier (4): 1905, 1915, 1916, 1917.
  -Copa Competencia Chevallier Boutell (2): 1913, 1915.
- **Sitio web:** http://www.nacional.com.uy

CSD Colo-Colo

- **Ciudad:** Santiago, Chile
- **Apodos:** *El colo, eterno campeón, albos, cacique, el popular*
- **Fundación:** 19 de abril de 1925
- **Estadio:** Estadio Monumental Macul (47.017)
- **Colores:** Blanco y negro
- **Torneos nacionales:** -Primera División de Chile (29): 1937, 1939, 1941, 1944, 1947, 1953, 1956, 1960, 1963, 1970, 1972, 1979, 1981, 1983, 1986, 1989, 1990, 1991, 1993, 1996, Clausura 1997, 1998, Clausura 2002, Apertura 2006, Clausura 2006, Apertura 2007, Clausura 2007, Clausura 2008, Clausura 2009.
  -Campeonato Nacional de Clubes (1): 1936.
  -Copa Chile (10): 1958, 1974, 1981, 1982, 1985, 1988, 1989, 1990, 1994, 1996.
  -Campeonato de Apertura (4):1933, 1938, 1940, 1945.
  -Liguilla Pre-Libertadores (3): 1982, 1987, 1988.
  -Liguilla Pre-Sudamericana (1): 2007.
- **Torneos internacionales:** -Copa Libertadores de América (1): 1991.
  -Recopa Sudamericana (1): 1992.
  -Copa Interamericana (1): 1992.
- **Sitio web:** http://www.colocolo.cl

África

TÚNEZ

EL CAIRO

CONAKRY

KUMASI

ACCRA

YAOUNDÉ

NAIROBI

Al-Ahly

• Ciudad:	El Cairo, Egipto
• Apodos:	*Caballeros rojos, los rojos, el castillo rojo*
• Fundación:	1907
• Estadio:	Cairo International Stadium (74.100)
• Colores:	Rojo
• Torneos nacionales:	-Primera División de Egipto (33): 1948-49, 1949-50, 1950-51, 1952-53, 1953-54, 1955-56, 1956-57, 1957-58, 1958-59, 1960-61, 1961-62, 1974-75, 1975-76, 1976-77, 1978-79, 1979-80, 1980-81, 1981-82, 1984-85, 1985-86, 1986-87, 1988-89, 1993-94, 1994-95, 1995-96, 1996-97, 1997-98, 1998-99, 1999-00, 2004-05, 2005-06, 2006-07, 2007-08, 2008-09.
	-Copa de Egipto (35): 1923-24, 1924-25, 1926-27, 1927-28, 1929-30, 1930-31, 1936-37, 1939-40, 1941-42, 1942-43, 1944-45, 1945-46, 1946-47, 1948-49, 1949-50, 1950-51, 1952-53, 1955-56, 1957-58, 1960-61, 1965-66, 1977-78, 1980-81, 1982-83, 1983-84, 1984-85, 1988-89, 1990-91, 1991-92, 1992-93, 1995-96, 2000-01, 2002-03, 2005-06, 2006-07.
	-Supercopa de Egipto (3): 2003, 2005, 2006.
• Torneos internacionales:	-Liga de Campeones de la CAF (6): 1982, 1987, 2001, 2005, 2006, 2008.
	-Recopa Africana (4): 1984, 1985, 1986, 1993.
	-Supercopa de la CAF (1): 2002, 2006, 2007, 2009.
	-Copa Afro-Asiática (1): 1989.
• Sitio web:	http://www.ahlyegypt.com

Kumasi Asante Kotoko

• Ciudad:	Kumasi, Ghana
• Apodos:	*Puercoespines guerreros, el fabuloso Kotoko, fabu*
• Fundación:	1935
• Estadio:	Baba Yara Stadium (40.000)
• Colores:	Rojo
• Torneos nacionales:	-Liga ghanesa de fútbol (21): 1959, 1963-64, 1964-65, 1967, 1968, 1969, 1972, 1975, 1980, 1981, 1982, 1983, 1986, 1987, 1988-89, 1990-91, 1991-92, 1992-93, 2003, 2005-06, 2007-08.
	Copa ghanesa de fútbol (8): 1958, 1960, 1976, 1978, 1984, 1989-90, 1997-98, 2001.
• Torneos internacionales:	-Liga de Campeones de la CAF (2): 1970, 1983.
• Sitio web:	http://www.asantekotokofc.org

Canon Sportif de Yaoundé

- **Ciudad:**   Yaoundé, Camerún
- **Apodo:**   *Kpa-kum*
- **Fundación:**   11 de noviembre de 1930
- **Estadio:**   Stade Ahmadou Ahidjo (38.509)
- **Colores:**   Verde y rojo
- **Torneos nacionales:**   -Primera División (10): 1970, 1974, 1977, 1979, 1980, 1982, 1985, 1986, 1991, 2002.
                             -Copa Camerún (11): 1957, 1967, 1973, 1975, 1976, 1977, 1978, 1983, 1986, 1993, 1995, 1999.
- **Torneos internacionales:** -Liga de Campeones de la CAF (3): 1971, 1978, 1980.
                             -Liga de ganadores de copa (2): 1977, 1979.
- **Sitio web:**

Espérance Sportive de Tunis

- **Ciudad:**   Túnez, Túnez
- **Apodo:**   *Sangre y oro*
- **Fundación:**   15 de enero de 1919
- **Estadio:**   Estadio El Menzah (45.000)
- **Colores:**   Rojo y amarillo
- **Torneos nacionales:**   -CLP-1 (22): 1942, 1959, 1960, 1970, 1975, 1976, 1982, 1985, 1988, 1989, 1991, 1993, 1994, 1998, 1999, 2000, 2001, 2002, 2003, 2004, 2006, 2009.
                             -Copa Presidente de Túnez (13): 1957, 1964, 1978, 1979, 1980, 1986, 1989, 1991, 1997, 1999, 2006, 2007, 2008.
- **Torneos internacionales:** -Liga de Campeones de la CAF (1): 1994.
                             -Recopa Africana (1): 1998.
                             -Supercopa de la CAF (1): 1995.
                             -Copa CAF (1): 1996.
                             -Liga de Campeones Árabe (2): 1993, 2009.
- **Sitio web:**   http://www.est.org.tn

Gor Mahia

• Ciudad:	Nairobi, Kenia
• Apodo:	*El poderoso Gor*
• Fundación:	1968
• Estadio:	Nairobi City Stadium (15.000)
• Colores:	Verde
• Torneos nacionales:	-Campeonato de Fútbol de Kenia (11): 1969, 1974, 1976, 1979, 1983, 1984, 1985, 1990, 1991, 1993, 1995.
	-Copa del President (7): 1976, 1981, 1983, 1986, 1987, 1988, 1992.
• Torneos internacionales:	-Recopa Africana de fútbol (1): 1987.
	-CECAFA Clubs Cup (3): 1980,1981,1985.
• Sitio web:	http://www.gormahia.net

Hafia FC

• Ciudad:	Conakry, Guinea
• Apodo:	
• Fundación:	15 de enero de 1919
• Estadio:	Stade 28 Septembre (25.000)
• Colores:	Blanco y negro
• Torneos nacionales:	-Liga guineana de fútbol (15): 1966, 1967, 1968 (Conacry II) 1971, 1972, 1973, 1974, 1975, 1976, 1977, 1978, 1979, 1982, 1983, 1985.
	-Copa guineana de fútbol (3): 1992, 1993, 2002.
• Torneos internacionales:	-Copa africana de clubs campeones (3): 1972, 1975, 1977.
• Sitio web:	

Accra Hearts of Oak SC

• Ciudad:	Accra, Ghana
• Apodo:	*Fobia*
• Fundación:	1911
• Estadio:	Ohene Djan Stadium (40.000)
• Colores:	Rojo, azul y amarillo
• Torneos nacionales:	-Liga ghanesa de fútbol (19): 1956, 1958, 1961-62, 1971, 1973, 1976, 1978, 1979, 1984, 1985, 1989-90, 1996-97, 1997-98, 1999, 2000, 2001, 2002, 2004-05, 2006-07.
	-Copa ghanesa de fútbol (9): 1973, 1974, 1979, 1981, 1989, 1993-94, 1995-96, 1999, 2000.
• Torneos internacionales:	-Liga de Campeones de la CAF (1): 2000.
	-Copa Confederación Africana de Fútbol (1): 2005.
• Sitio web:	http://www.accraheartsofoak.com

Asia

DALIAN

IBARAKI

CHOFU

CHIBA

SHANGHÁI

KASHIMA

HAIFA

RIAD

DUBÁI

Al-Hilal SC

• Ciudad:	Riad, Arabia Saudí
• Apodo:	*The slashers*
• Fundación:	1958
• Estadio:	Estadio Rey Fahd (67.000)
• Colores:	Azul y blanco
• Torneos nacionales:	Primera División de Arabia Saudita (11): 1977, 1979, 1985, 1986, 1988, 1990, 1996, 1998, 2002, 2005, 2008.
	-Copa del Rey Saudita (6): 1961, 1964, 1980, 1982, 1984, 1989
	-Copa del Príncipe heredero (7): 1964, 1995, 2000, 2003, 2005, 2006, 2007.
	-Copa de los Príncipes sauditas de fútbol (7): 1987, 1990, 1993, 1996, 2000, 2005, 2006.
• Torneos internacionales:	-Liga de Campeones de la AFC (2): 1992, 2000.
	-Recopa asiática de fútbol (2): 1997, 2002.
	-Supercopa asiática de fútbol (2): 1997, 2000.
	-Liga de Campeones arábiga de fútbol (2): 1994, 1995.
	-Recopa arábiga de fútbol (1): 2001.
	-Supercopa arábiga de fútbol (1): 2002.
	-Supercopa saudí-egipcia de fútbol (1): 2001.
	-Copa del Golfo de fútbol (2): 1986, 1998.
• Sitio web:	http://www.alhilal.com

Al Shabbab

• Ciudad:	Dubái, Emiratos Árabes
• Apodos:	*El jefe*
• Fundación:	1957
• Estadio:	Al Maktoum Stadium (20.000)
• Colores:	Verde y blanco
• Torneos nacionales:	-Primera División de los Emiratos Árabes Unidos (2): 1990, 1995.
	-Copa de los Emiratos Árabes Unidos (4): 1981, 1990, 1994, 1997.
• Torneos internacionales:	-Copa de Campeones del Golfo Árabe (1): 1992.
• Sitio web:	http://www.alshababdubai.com

Dalian Shide

- Ciudad: Dalian, China
- Apodo:
- Fundación: 1983
- Estadio: Estadio Dalian People's (55.843)
- Colores: Azul celeste y blanco
- Torneos nacionales: -Superliga China (1): 2005.
                                        -Jia A (7): 1994, 1996, 1997, 1998, 2000, 2001, 2002.
                                        -Supercopa China (3): 1997, 2001, 2003.
                                        -Copa China FA (2): 2001, 2005.

- Torneos internacionales:
- Sitio web: http://www.shidefc.com

JEF United Ichihara Chiba

- Ciudad: Chiba, Japón
- Apodo: *JEF*
- Fundación: 1946
- Estadio: Fukuda Denshi Arena (19.781)
- Colores: Amarillo
- Torneos nacionales: -Liga Japonesa de Fútbol (2): 1976, 1985.
                                        -Copa JSL (3): 1977, 1982, 1986-1987.
                                        -Copa del Emperador (4): 1960, 1961, 1964, 1976.
                                        -Copa J. League (2): 2005, 2006.
- Torneos internacionales: -Campeonato de Clubes de Asia (1): 1986-1987.
- Sitio web: http://www.so-net.ne.jp/JEFUNITED

Maccabi Haifa FC

- Ciudad: Haifa, Israel
- Apodos:
- Fundación: 1913
- Estadio: Kiryat Eliezer (14.002)
- Colores: Verde y blanco
- Torneos nacionales: -Ligas (11): 1983-84, 1984-85, 1988-89, 1990-91, 1993-94, 2000-01,
                                        2001-02, 2003-04, 2004-05, 2005-06, 2008-09.
                                        -Copa de Israel (5): 1961-62, 1990-91, 1992-93, 1994-95, 1997-98.
                                        -Copa de Toto (4): 1993-94, 2002-03, 2005-06, 2007-08.
                                        -Supercopa de Israel (3): 1962-63, 1984-85, 1988-89.

- Torneos internacionales:
- Sitio web: http://maccabi-haifafc.walla.co.il

Shangay Shenhua FC

- **Ciudad:** Shanghái, China
- **Apodo:** *Shenhua*
- **Fundación:** 1983
- **Estadio:** Estadio Dalian People's (55.843)
- **Colores:** Azul celeste y blanco
- **Torneos nacionales:** -Campeonato de China (2): 1995, 2003.
  -Copa de China (1): 1998.
  -Supercopa de China (3): 1996, 1999, 2002.
- **Torneos internacionales:** -Copa de Campeones (1): 2007.
- **Sitio web:** http://www.shenhuafc.com.cn

Tokyo Verdy

- **Ciudad:** Chofu, Japón
- **Apodo:**
- **Fundación:** 1969
- **Estadio:** *Estadio Ajinomoto* (50.000)
- **Colorcs:** Vcrdc y blanco
- **Torneos nacionales:** - J. League (2): 1993, 1994.
  -Copa J. League (3): 1992, 1993, 1994.
  -Copa del Emperador (2): 1996, 2004.
  -Super Copa Xerox (3): 1994, 1995, 2005.
- **Torneos internacionales:** -Copa Sanwa Bank (1): 1994.
  -Copa de Clubes de Asia (1): 1988.
- **Sitio web:** http://www.verdy.co.jp

Kashima Antlers FC

- **Ciudad:** Ibaraki, Japón
- **Apodo:**
- **Fundación:** 1980
- **Estadio:** Estadio de Kashima (41.800)
- **Colores:** Azul y rojo
- **Torneos nacionales:** - J. League (7): 1996, 1998, 2000, 2001, 2007, 2008, 2009.
  -Copa del Emperador (3): 1997, 2000, 2007.
  -Copa J. League (3): 1997, 2000, 2002.
  -Super Copa Xerox (3): 1997, 1998, 1999.
- **Torneos internacionales:** -Copa de Campeones A3 (1): 2003.
- **Sitio web:** http://www.so-net.ne.jp

Norte y Centro América

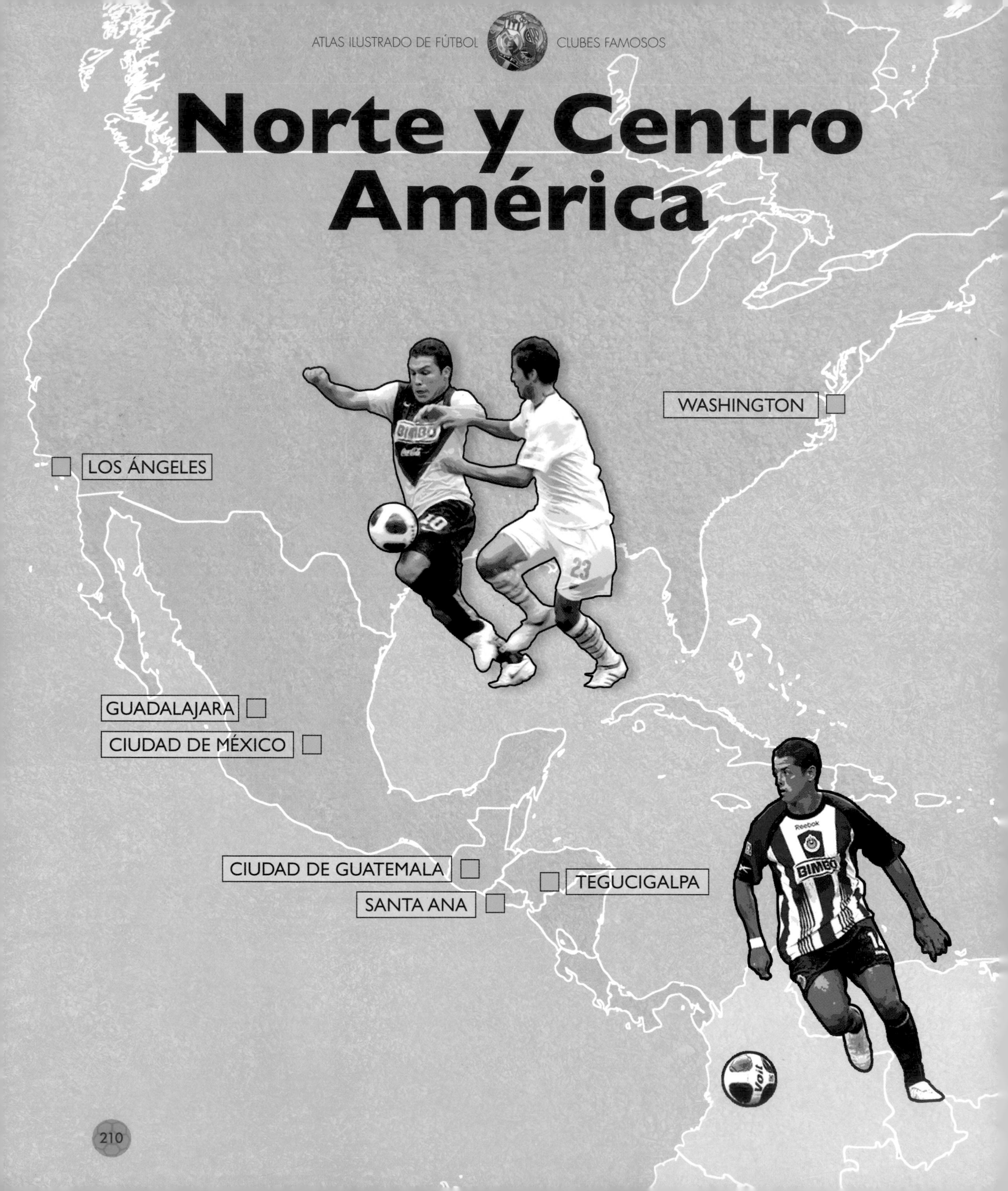

WASHINGTON ☐

LOS ÁNGELES ☐

GUADALAJARA ☐

CIUDAD DE MÉXICO ☐

CIUDAD DE GUATEMALA ☐

TEGUCIGALPA ☐

SANTA ANA ☐

CD Guadalajara

- **Ciudad:** Guadalajara, México
- **Apodos:** *Chivas, rebaño sagrado, chiverío, campeonísimo*
- **Fundación:** 8 de mayo de 1906
- **Estadio:** Jalisco (60.713)
- **Colores:** Rojo y azul
- **Torneos nacionales:** -Primera División de México (11): 1956-57, 1958-59, 1959-60, 1960-61, 1961-62, 1963-64, 1964-65, 1969-70, 1986-87, Verano 1997 y Apertura 2006.
  -Copa México (2): 1963 y 1970.
  -Campeón de Campeones (7): 1956-1957, 1958-1959, 1959-1960, 1960-1961, 1963-1964, 1964-1965, 1969-1970.
  -Copa Challenger: 1961.
  -Copa de Oro de Occidente (4): 1954, 1955, 1956, 1960.
  -InterLiga (1): 2009.
- **Torneos internacionales:** -Campeón Centroamericano (2): Centroamericano 1959, Norte Centroamericano del Caribe 1962.
  -Copa de Campeones de la CONCACAF (1): 1962.
  -Copa Pre Libertadores (1): 1998.
  -Copa del Golfo de fútbol (2): 1986, 1998.
- **Sitio web:** http://www.chivascampeon.com

CF América

- **Ciudad:** Ciudad de México, México
- **Apodos:** *Los cremas, canarios, millonetas, azulcremas, águilas*
- **Fundación:** 12 de octubre de 1916
- **Estadio:** Azteca (105.064)
- **Colores:** Azul y amarillo
- **Torneos nacionales:** -Primera División de México (10): 1965-66, 1970-71, 1975-76, 1983-84, 1984-85, PRODE 1985, 1987-88, 1988-89, Verano 2002, Clausura 2005.
  -Copa México (5): 1953-54, 1954-55, 1963-64, 1964-65, 1973-74.
  -Campeón de Campeones (5): 1954-55, 1975-76, 1987-88, 1988-1989, 2005.
  -InterLiga (1): 2008.
- **Torneos internacionales:** -Copa de Campeones de la CONCACAF (5): 1977, 1987, 1990, 1992, 2006.
  -Copa de Gigantes de la CONCACAF (1): 2001.
  -Copa Interamericana (2): 1978, 1991.
- **Sitio web:** http://www.clubamerica.com.mx

Los Ángeles Galaxy

- **Ciudad:** Los Ángeles, Estados Unidos
- **Apodos:** *Gals, cozmos, goatbusters, los galácticos de Los Ángeles*
- **Fundación:** 1995
- **Estadio:** The Home Depot Center (27.000)
- **Colores:** Blanco, azul y amarillo
- **Torneos nacionales:** -MLS Cup (2): 2002, 2005.
  -MLS Supporters' Shield (2): 1998, 2002.
  -Lamar Hunt U.S. Open Cup (2): 2001, 2005.
  -Conferencia del Oeste de la MLS (5): 1996, 1998, 1999, 2001, 2002.
- **Torneos internacionales:** -Copa de Campeones de la CONCACAF (1): 2000.
- **Sitio web:** http://la.galaxy.mlsnet.com/t106/es/

DC United

- **Ciudad:** Washington DC, Estados Unidos
- **Apodos:** *DCU, black and red*
- **Fundación:** 1995
- **Estadio:** R. F. Kennedy Memorial Stadium (105.064)
- **Colores:** Negro y blanco
- **Torneos nacionales:** -MLS Cup (4): 1996, 1997, 1999, 2004.
  -MLS Supporters' Shield (4): 1997, 1999, 2006, 2007.
  -U.S. Open Cup (2): 1996, 2008.
  -Conferencia Este (5): 1997, 1998, 1999, 2006, 2007.
- **Torneos internacionales:** -Copa de Campeones de la CONCACAF (1): 1998.
  -Copa Interamericana (1): 1998.
- **Sitio web:** http://www.clubamerica.com.mx

Club Olimpia Deportivo

- **Ciudad:** Tegucigalpa, Honduras
- **Apodos:** *Los leones, los albos, los merengues*
- **Fundación:** 12 de junio de 1912
- **Estadio:** Tiburcio Carias Andino (40.000)
- **Colores:** Blanco
- **Torneos nacionales:** -Liga Nacional de Fútbol de Honduras (22): 1966-67, 1967-68, 1969-70, 1971-72, 1977, 1982, 1984, 1986, 1987, 1989, 1992-93, 1995-96, 1996-97, 1998-99, 2000-01 Ap., 2002-03 Ap., 2003-04 Cl., 2004-05 Cl., 2005-06 Ap., 2005-06 Cl., 2007-08 Cl., 2008-09.
  -Campeón de Centroamérica y México (1): 1959.
  -Campeón de Centroamérica (5): 1987, 1989, 1990, 1999, 2001.
- **Sitio web:** http://www.clubolimpia.com

CD Futbolistas Asociados Santanecos (FAS)

- **Ciudad:** Santa Ana, El Salvador
- **Apodos:** *Tigres, tigrillos*
- **Fundación:** 16 de febrero de 1947
- **Estadio:** Estadio Oscar Quiteño (16.000)
- **Colores:** Azul y rojo
- **Torneos nacionales:** -Liga salvadoreña de fútbol (17): 1951-52, 1953-54, 1957-58, 1961-62, 1962, 1977-78, 1978-79, 1981, 1984, 1994-95, 1995-96, Clausura 2002, Apertura 2002, Apertura 2003, Apertura 2004, Apertura 2005, Apertura 2009.
- **Torneos internacionales:** -Copa de Campeones de la CONCACAF (1):1979.
- **Sitio web:** http://www.clubdeportivofas.com

CSD Municipal

- **Ciudad:** Ciudad de Guatemala, Guatemala
- **Apodos:** *Los rojos, los escarlatas, los diablos, el pentacampeón*
- **Fundación:** 17 de mayo de 1936
- **Estadio:** Estadio Mateo Flores (25.000)
- **Colores:** Azul y rojo
- **Torneos nacionales:** -Liga Nacional de Guatemala (27): 1942-43, 1947-48, 1950-51, 1954-55, 1965-66, 1965-66, 1969-70, 1972-73, 1973-74, 1975-76, 1986-87, 1987-88, 1989-90, 1991-92, 1993-94. Clausura 2000, Apertura 2000, Clausura 2001, Clausura 2003, Apertura 2003, Apertura 2004, Clausura 2005, Apertura 2005, Clausura 2006, Apertura 2006, Apertura 2008, Apertura 2009.
  -Torneos de Copa (8): Copa Guatemala:1960, Copa Presidencial: 1967, Copa Federación: 1969, Copa Gallo: 1994 y 1995, Copa AQUA: 1998, Copa Centenario: 2003 y 2004.
  -T. de Campeón de Campeones (5): 1952, 1967, 1977, 1994, 1997.
- **Torneos internacionales:** -Copa de Campeones de la CONCACAF (1): 1974.
  -Copa Interclubes de la UNCAF (4): 1974, 1977, 2001, 2004.
- **Sitio web:** http://www.rojos.com

Oceanía

HONIARA

AUCKLAND

MELBOURNE

Auckland City FC

• Ciudad:	Auckland, Nueva Zelanda
• Apodo:	
• Fundación:	2004
• Estadio:	Kiwitea Street (5.000)
• Colores:	Rojo y azul
• Torneos nacionales:	-Campeonato de Fútbol de Nueva Zelanda (4): 2004-05, 2005-06, 2006-07, 2008-09.
• Torneos internacionales:	-Campeonato de Clubes de la OFC (2): 2006, 2009.
• Sitio web:	http://www.aucklandcityfc.com

Koloale FC Honiara

• Ciudad:	Honiara, Islas Salomón
• Estadio:	Lawson Tama Stadium (10.000)
• Colores:	Verde y amarillo
• Torneos nacionales:	-Solomon Islands National Club Championship (2): 2003, 2008. -Honiara FA League: 2001, 2003, 2008.

Waitakere United

• Ciudad:	Auckland, Nueva Zelanda
• Apodo:	
• Fundación:	2006
• Estadio:	Trusts Stadium (4.901)
• Colores:	Blanco
• Torneos nacionales:	-Campeonato de Fútbol de Nueva Zelanda (1): 2007-08.
• Torneos internacionales:	-Liga de Campeones de la OFC (2): 2006-07, 2007-08.
• Sitio web:	http://www.waitakereunited.co.nz

Melbourne Victory

• Ciudad:	Melbourne, Australia
• Apodo:	*Victorioso*
• Fundación:	2004
• Estadio:	Etihad Stadium (53.355)
• Colores:	Azul y blanco
• Torneos nacionales:	-Liga A (1): 2006-07, 2008-09.
• Sitio web:	http://www.melbournevictory.com.au

COMPETICIONES MÁS IMPORTANTES

La Copa Mundial de Fútbol, que se celebra cada cuatro años desde el año 1930, es el torneo máximo del fútbol internacional entre selecciones. En su versión femenina, se viene celebrando con igual frecuencia desde 1991.

Cada una de las seis confederaciones de la FIFA celebra su propio campeonato continental. Atendiendo a su nivel competitivo, los dos principales torneos de este tipo son la Copa América (Sudamérica) y la Eurocopa (Europa). A un nivel inferior, se encuentran la Copa Africana de Naciones (África), la Copa de Oro de la CONCACAF (América del Norte, Central y el Caribe), la Copa Asiática (Asia) y la Copa de las Naciones de la OFC (Oceanía).

En categorías inferiores, el torneo más importante es la Copa Mundial de Fútbol Sub-20, la cual recibe a equipos clasificados en el Sudamericano Sub-20, el Campeonato Europeo Sub-19, el Campeonato Juvenil de África, el Campeonato Sub-20 de la CONCACAF, el Campeonato Juvenil de Asia y el Campeonato Sub-20 de Oceanía.

En cuanto a los clubes, éstos se federan en cada país para disputar entre sí ligas y copas oficiales. No existe un sistema único y cada liga nacional se organiza de acuerdo a sus tradiciones. Serán los campeones y mejores equipos de cada competición nacional quienes concurran luego en torneos internacionales. En el ámbito continental, la Copa Libertadores (Sudamérica) y la Liga de Campeones (Europa) son los títulos más codiciados por los clubes.

En 1960, se convocó por primera vez la Copa Intercontinental, para enfrentar a los campeones de ambos continentes y proclamar al mejor club del mundo. En 1999, sin embargo, la FIFA sustituyó este torneo por la Copa Mundial de Clubes, que pondría en competencia a todos los campeones continentales, no sólo de Europa y Sudamérica, sino también de África, la CONCACAF, Asia y Oceanía. Su implantación vino acompañada de muchos problemas, e incluso una suspensión de varios años, hasta que, en 2005, el torneo máximo entre clubes comenzó a disputarse de la manera en que hoy lo conocemos.

Copa Mundial

También conocida como la Copa del Mundo o el Mundial, constituye el torneo futbolístico más importante entre selecciones.

Este evento deportivo se celebra cada cuatro años desde 1930. Sólo entre 1942 y 1946 dejó de disputarse: fue uno más de los estragos provocados por la Segunda Guerra Mundial.

Con la que se disputará en Sudáfrica 2010, la Copa Mundial de la FIFA cumplirá 19 ediciones. Siete países distintos han alzado la copa: con cinco títulos, Brasil es el equipo más exitoso; Italia, vigente campeona, le sigue con cuatro trofeos, mientras que Alemania tiene tres; Uruguay y Argentina la han ganado dos veces, en tanto Inglaterra y Francia se han alzado campeones una sola vez.

Hay varias tendencias muy fuertes si analizamos los campeones de cada edición. Pese a la inminente emergencia de potencias futbolísticas africanas y asiáticas, el torneo sigue dominado por selecciones europeas y sudamericanas, que sostienen un duelo muy equilibrado. Cada uno de estos dos continentes ha ganado el Mundial en nueve ocasiones y sólo dos equipos de otras confederaciones han llegado a semifinales.

Otra característica muy marcada del torneo tiene que ver con el lugar donde se organiza. Por lo general, el campeón proviene del mismo continente que alberga la cita mundialista. Brasil es la única selección que, contraviniendo esta norma general, se ha impuesto dos veces fuera de su continente (lo hizo en Suecia 1958 y Corea-Japón 2002).

La Copa Mundial cuenta con dos etapas principales: un proceso clasificatorio en el que participan, actualmente, cerca de 200 selecciones nacionales, y una fase final realizada cada cuatro años en una sede definida, en la que participan 32 equipos durante un periodo cercano a un mes. Hoy, no hay competición deportiva en el mundo que acapare más atención que esta fase final; se calcula que, en 2002, la final entre Brasil y Alemania fue seguida por más de 1.100 millones de personas en todo el planeta.

AÑO	SEDE	PRIMERO		SEGUNDO	TERCERO
1930	Uruguay	Uruguay	4-2	Argentina	EE.UU.
1934	Italia	Italia	2-1	Checoslovaquia	Alemania
1938	Francia	Italia	4-2	Hungría	Brasil
1950	Brasil	Uruguay	2-1	Brasil	Suecia
1954	Suiza	Alemania Fed.	3-2	Hungría	Austria
1958	Suecia	Brasil	5-2	Suecia	Francia
1962	Chile	Brasil	3-1	Checoslovaquia	Chile
1966	Inglaterra	Inglaterra	4-2	Alemania Fed.	Portugal
1970	México	Brasil	4-1	Italia	Alemania Fed.
1974	Alemania Fed.	Alemania Fed.	2-1	Países Bajos	Polonia
1978	Argentina	Argentina	3-1	Países Bajos	Brasil
1982	España	Italia	3-1	Alemania Fed.	Polonia
1986	México	Argentina	3-2	Alemania Fed.	Francia
1990	Italia	Alemania Fed.	1-0	Argentina	Italia
1994	EE.UU.	Brasil	0-0 (3-2)	Italia	Suecia
1998	Francia	Francia	3-0	Brasil	Croacia
2002	Corea-Japón	Brasil	2-0	Alemania	Turquía
2006	Alemania	Italia	1-1 (5-3)	Francia	Alemania
2010	Sudáfrica				
2014	Brasil				

Eurocopa

El Campeonato Europeo de Fútbol es el torneo más importante entre selecciones de Europa. Lo convoca la UEFA cada cuatro años desde 1960. En su edición inaugural, el torneo era denominado Copa de Naciones de Europa o Copa de Europa y, en honor de su máximo promotor, se la llamó también Copa Henri Delaunay. Recibió su nombre actual en 1968.

En origen, y hasta la Eurocopa de Yugoslavia 1976, el torneo enfrentaba sólo a cuatro países. Es a partir de 1980 cuando se amplió a ocho selecciones, número que aumentaría hasta los actuales dieciséis competidores en la Eurocopa de Inglaterra 1996. Se prevé que, en 2016, esta cifra llegue a ampliarse hasta los 24 equipos.

La fase clasificatoria, organizada por la UEFA, pone en liza a las 53 selecciones nacionales afiliadas a esta confederación. Sólo el equipo anfitrión recibe, por derecho propio, la clasificación directa a la fase final del torneo.

Alemania es la selección que más eurocopas acoge en su palmarés, pues ha ganado tres. Por detrás, España y Francia —con dos— y una larga lista de selecciones con un sólo título: Rusia, República Checa, Italia, Países Bajos, Dinamarca y Grecia.

La última edición del torneo fue la de Austria-Suiza 2008. El 29 de junio de ese año, en el Ernst Happel Stadion de Viena, España levantó por segunda vez la Eurocopa tras batir a Alemania por 1 a 0. Se cumplían 44 años desde su último título.

AÑO	SEDE	PRIMERO		SEGUNDO	TERCERO
1960	Francia	Unión Soviética	2-1	Yugoslavia	Checoslovaquia
1964	España	España	2-1	Unión Soviética	Hungría
1968	Italia	Italia	3-1	Yugoslavia	Inglaterra
1972	Bélgica	Alemania Fed.	3-0	Unión Soviética	Bélgica
1976	Yugoslavia	Checoslovaquia	2-2	Alemania Fed.	Países Bajos
1980	Italia	Alemania Fed.	2-1	Bélgica	Checoslovaquia
1984	Francia	Francia	2-0	España	Dinamarca-Portugal
1988	Alemania Fed.	Países Bajos	2-0	Unión Soviética	Alemania Fed.-Italia
1992	Suecia	Dinamarca	2-0	Alemania	Países Bajos-Suecia
1996	Inglaterra	Alemania	2-1	R. Checa	Francia-Inglaterra
2000	Bélgica-P. Bajos	Francia	2-1	Italia	Países Bajos-Portugal
2004	Portugal	Grecia	1-0	Portugal	Países Bajos-R. Checa
2008	Austria-Suiza	España	1-0	Alemania	Rusia-Turquía
2012	Polonia-Ucrania				

Copa América

La Copa América de fútbol es el campeonato de selecciones más importante del continente americano. Este torneo se remonta a 1916, cuando Argentina, con motivo del centenario de su independencia, invitó a las selecciones de Uruguay, Brasil y Chile a disputar lo que entonces llamaron el Campeonato Sudamericano de Selecciones.

El nuevo torneo carecía de una regulación clara, por lo que hubo épocas en que se celebró anualmente y otras en que pasaron años sin que se convocara.

En 1986, la CONMEBOL decidió consolidar la Copa América como un torneo de asistencia obligatoria para sus diez federaciones miembro, realizado en una sede fija que iría rotando edición a edición.

Desde 1993, el torneo cuenta con doce selecciones participantes. Diez corresponden a las federaciones asociadas a la CONMEBOL: Argentina, Bolivia, Brasil, Chile, Colombia, Ecuador, Paraguay, Perú, Uruguay y Venezuela. A ellas se suman dos selecciones invitadas, normalmente de la CONCACAF. Así, México ha sido invitada siempre desde 1993.

Contra lo que pudiera sospecharse, el palmarés de la Copa América no beneficia a Brasil, sino a Argentina y Uruguay, que lo han conquistado catorce veces. Con sólo ocho títulos, Brasil es por una vez la *segundona*. Como anécdota, sólo Chile, Venezuela y Ecuador no lo han ganado nunca.

Tras la abolición del British Home Championship en 1984, la Copa América es el torneo de selecciones más antiguo del mundo. Al mismo tiempo, es uno de los tres eventos futbolísticos más importantes a nivel de selecciones, junto a la Copa Mundial de Fútbol y la Eurocopa.

En 2007, la Copa América fue retransmitida por televisión en 185 países. Se calcula que 530 millones de latinoamericanos siguieron el torneo y que, en el ámbito mundial, la audiencia acumulada alcanzó los 4.000 millones de personas.

ARGENTINA
- **Campeón (14):** -1921, 1925, 1927, 1929, 1937, 1941, 1945, 1946, 1947, 1955, 1957, 1959, 1991, 1993.
- **Subcampeón (12):** -1916, 1917, 1920, 1923, 1924, 1926, 1935, 1942, 1959, 1967, 2004, 2007.
- **Tercer lugar (4):** -1919, 1956, 1963, 1989.

URUGUAY
- **Campeón (14):** -1916, 1917, 1920, 1923, 1924, 1926, 1935, 1942, 1956, 1959, 1967, 1983, 1987, 1995.
- **Subcampeón (6):** -1919, 1927, 1939, 1941, 1989, 1999.
- **Tercer lugar (9):** -1921, 1922, 1929, 1937, 1947, 1953, 1957, 1975, 2004.

BRASIL
- **Campeón (8):** -1919, 1922, 1949, 1989, 1997, 1999, 2004, 2007.
- **Subcampeón (11):** -1921, 1925, 1937, 1945, 1946, 1953, 1957, 1959, 1983, 1991, 1995.
- **Tercer lugar (7):** -1916, 1917, 1920, 1942, 1959, 1975, 1979.

PARAGUAY
- **Campeón (2):** -1953, 1979.
- **Subcampeón (5):** -1922, 1929, 1947, 1949, 1963.
- **Tercer lugar (7):** -1923, 1924, 1925, 1939, 1946, 1959, 1983.

PERÚ
- **Campeón (2):** -1939, 1975.
- **Tercer lugar (6):** -1927, 1935, 1949, 1955, 1979 ,1983.

COLOMBIA
- **Campeón (1):** -2001.
- **Subcampeón (1):** -1975.
- **Tercer lugar (3):** -1987, 1993, 1995.

BOLIVIA
- **Campeón (1):** -1963.
- **Subcampeón (1):** -1997.

CHILE
- **Subcampeón (4):** -1955, 1956, 1979, 1987.

Copa Mundial de Clubes

Más conocido como el Mundial de Clubes, este torneo corona cada año al mejor club de fútbol del mundo. Para ello, la FIFA convoca a los equipos campeones de las seis confederaciones continentales.

A partir de la edición de 2007, este torneo admite también al campeón del país organizador.

El antecedente directo del Mundial de Clubes fue la Copa Intercontinental, que se disputó entre 1960 y 1999 y enfrentaba al campeón de la Copa Libertadores (Sudamérica) y al de la Liga de Campeones (Europa).

Hasta 2009, este campeonato se ha realizado en seis ocasiones. Al igual que el Mundial de selecciones, el de clubes presenta un férreo dominio de los equipos sudamericanos y europeos, que se equilibran entre sí con tres títulos por continente. Ningún representante de otra confederación ha llegado a la final.

Dada la corta vida de este torneo, ningún club ha podido repetir su consecución. Campeón en la última edición, la de 2009, el FC Barcelona es el club más exitoso del Mundial de Clubes, pues al reciente título une el subcampeonato logrado en Japón el año 2006.

AÑO	SEDE		GANADOR		FINALISTA	
2000	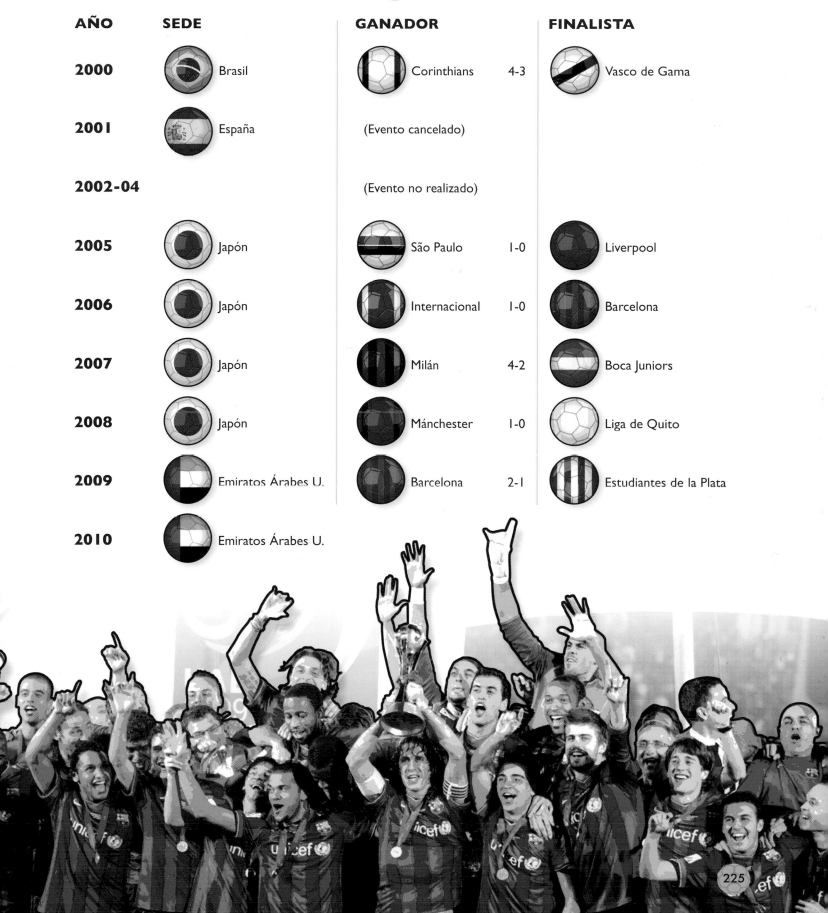	Brasil	Corinthians	4-3	Vasco de Gama	
2001		España	(Evento cancelado)			
2002-04			(Evento no realizado)			
2005		Japón	São Paulo	1-0	Liverpool	
2006		Japón	Internacional	1-0	Barcelona	
2007		Japón	Milán	4-2	Boca Juniors	
2008		Japón	Mánchester	1-0	Liga de Quito	
2009		Emiratos Árabes U.	Barcelona	2-1	Estudiantes de la Plata	
2010		Emiratos Árabes U.				

LOS 100 MEJORES Y MÁS...

El 4 de marzo de 2004, como parte de las celebraciones por su centenario, la FIFA dio a conocer una lista con los mejores futbolistas de la historia elaborada por Pelé. Como era de esperar, la nómina –que incluía a 123 hombres y 2 mujeres, 50 en actividad y 75 retirados– resultó muy controvertida, porque excluía a jugadores imprescindibles y sobrevaloraba a los de ciertas nacionalidades.

Pelé, que había actuado a encargo de la FIFA, fue tremendamente criticado: muchos se preguntaron qué método de selección había seguido, otros le achacaron motivaciones puramente políticas o personales.

Uno de los más vehementes fue el brasileño Gerson. Excluido de la lista por su viejo compañero de equipo, apareció indignado en un programa brasileño de televisión rompiéndola en pedazos.

La presente selección puede considerarse una versión de aquella lista de los «100 FIFA», corregida y aumentada.

Es de esperar que si aquélla no fue del gusto de todos, tampoco lo sea ésta. Sin embargo, hemos procurado subsanar algunos despistes y rescatar del olvido a ciertos jugadores, por otro lado, *inolvidables*.

Jugador:
MICHAEL BALLACK
Nacionalidad:
ALEMANIA
Posición:
CENTROCAMPISTA
Trayectoria:
1995-

Jugador:
FRANZ BECKENBAUER
Nacionalidad:
ALEMANIA
Posición:
DEFENSA
Trayectoria:
1964-1983

Jugador:
PAUL BREITNER
Nacionalidad:
ALEMANIA
Posición:
CENTROCAMPISTA
Trayectoria:
1970-1983

Jugador:
OLIVER KAHN
Nacionalidad:
ALEMANIA
Posición:
GUARDAMETA
Trayectoria:
1987-2008

Jugador:
JÜRGEN KLINSMANN
Nacionalidad:
ALEMANIA
Posición:
DELANTERO
Trayectoria:
1981-1998, 2003

Jugador:
SEPP MAIER
Nacionalidad:
ALEMANIA
Posición:
GUARDAMETA
Trayectoria:
1965-1980

Jugador:
LOTHAR MATTHÄUS
Nacionalidad:
ALEMANIA
Posición:
CENTROCAMPISTA
Trayectoria:
1995-2000

Jugador:
GERD MÜLLER
Nacionalidad:
ALEMANIA
Posición:
DELANTERO
Trayectoria:
1963-1981

Jugador:
KARL-HEINZ RUMMENIGGE
Nacionalidad:
ALEMANIA
Posición:
DELANTERO
Trayectoria:
1974-1989

Jugador:
UWE SEELER
Nacionalidad:
ALEMANIA
Posición:
DELANTERO
Trayectoria:
1954-1972

Jugador:
GABRIEL OMAR BATISTUTA
Nacionalidad:
ARGENTINA
Posición:
DELANTERO
Trayectoria:
1988-2005

Jugador:
HERNÁN CRESPO
Nacionalidad:
ARGENTINA
Posición:
DELANTERO
Trayectoria:
1993-

Jugador:
ALFREDO DI STÉFANO
Nacionalidad:
ARGENTINA
Posición:
DELANTERO
Trayectoria:
1943-1966

Jugador:
MARIO ALBERTO KEMPES
Nacionalidad:
ARGENTINA
Posición:
DELANTERO
Trayectoria:
1970-1992, 1995-1996

Jugador:
DIEGO ARMANDO MARADONA
Nacionalidad:
ARGENTINA
Posición:
CENTROCAMPISTA
Trayectoria:
1976-1993, 1995-1997

Jugador:
DANIEL PASSARELLA
Nacionalidad:
ARGENTINA
Posición:
DEFENSA
Trayectoria:
1971-1989

Jugador:
LIONEL MESSI
Nacionalidad:
ARGENTINA
Posición:
DELANTERO
Trayectoria:
2004-

Jugador:
JAVIER SAVIOLA
Nacionalidad:
ARGENTINA
Posición:
DELANTERO
Trayectoria:
1998-

Jugador:
JUAN SEBASTIÁN VERÓN
Nacionalidad:
ARGENTINA
Posición:
CENTROCAMPISTA
Trayectoria:
1994-

Jugador:
JAVIER ZANETTI
Nacionalidad:
ARGENTINA
Posición:
DEFENSA
Trayectoria:
1992-

Jugador:
FRANKY VAN DER ELST
Nacionalidad:
BÉLGICA
Posición:
CENTROCAMPISTA
Trayectoria:
1978-1999

Jugador:
JEAN-MARIE PFAFF
Nacionalidad:
BÉLGICA
Posición:
GUARDAMETA
Trayectoria:
1973-1990

Jugador:
JAN CEULEMANS
Nacionalidad:
BÉLGICA
Posición:
CENTROCAMPISTA
Trayectoria:
1974-1992

Jugador:
CAFÚ
Nacionalidad:
BRASIL
Posición:
DEFENSA
Trayectoria:
1989-2008

Jugador:
CARLOS ALBERTO
Nacionalidad:
BRASIL
Posición:
DEFENSA
Trayectoria:
1963-1982

Jugador:
DJALMA SANTOS
Nacionalidad:
BRASIL
Posición:
DEFENSA
Trayectoria:
1948-1972

Jugador:
PAULO ROBERTO FALCÃO
Nacionalidad:
BRASIL
Posición:
CENTROCAMPISTA
Trayectoria:
1972-1986

Jugador:
LEOVEGILDO LINS GAMA JÚNIOR
Nacionalidad:
BRASIL
Posición:
CENTROCAMPISTA
Trayectoria:
1974-1993

Jugador:
NILTON SANTOS
Nacionalidad:
BRASIL
Posición:
DEFENSA
Trayectoria:
1948-1964

Jugador:
PELÉ
Nacionalidad:
BRASIL
Posición:
DELANTERO
Trayectoria:
1956-1977

Jugador:
RIVALDO
Nacionalidad:
BRASIL
Posición:
CENTROCAMPISTA
Trayectoria:
1989-

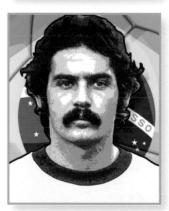

Jugador:
RIVELINO
Nacionalidad:
BRASIL
Posición:
CENTROCAMPISTA
Trayectoria:
1965-1981

Jugador:
ROBERTO CARLOS
Nacionalidad:
BRASIL
Posición:
DEFENSA
Trayectoria:
1992-

Jugador:
ROMÁRIO
Nacionalidad:
BRASIL
Posición:
DELANTERO
Trayectoria:
1985-2008

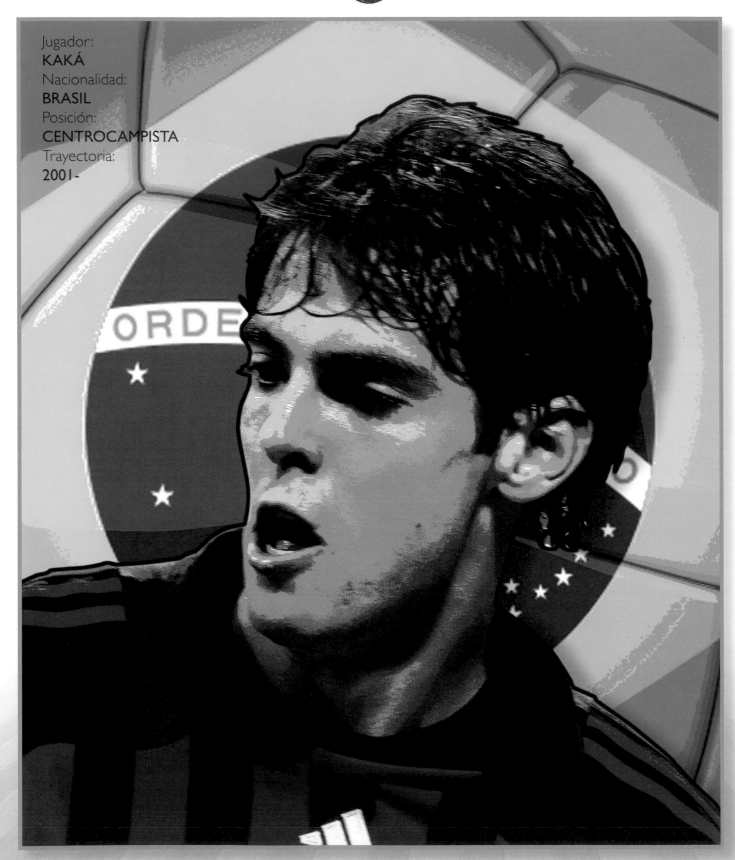

Jugador:
KAKÁ
Nacionalidad:
BRASIL
Posición:
CENTROCAMPISTA
Trayectoria:
2001-

Jugador:
RONALDINHO
Nacionalidad:
BRASIL
Posición:
CENTROCAMPISTA
Trayectoria:
1998-

Jugador:
RONALDO
Nacionalidad:
BRASIL
Posición:
DELANTERO
Trayectoria:
1993-

Jugador:
SÓCRATES
Nacionalidad:
BRASIL
Posición:
CENTROCAMPISTA
Trayectoria:
1974-1989, 2004

Jugador:
ZICO
Nacionalidad:
BRASIL
Posición:
CENTROCAMPISTA
Trayectoria:
1971-1989, 1991-1994

Jugador:
GARRINCHA
Nacionalidad:
BRASIL
Posición:
DELANTERO
Trayectoria:
1956-1972

Jugador:
HRISTO STOICHKOV
Nacionalidad:
BULGARIA
Posición:
DELANTERO
Trayectoria:
1982-1998, 2000-2003

Jugador:
DIMITAR BERBATOV
Nacionalidad:
BULGARIA
Posición:
DELANTERO
Trayectoria:
1999-

Jugador:
ROGER MILLA
Nacionalidad:
CAMERÚN
Posición:
DELANTERO
Trayectoria:
1965-1996

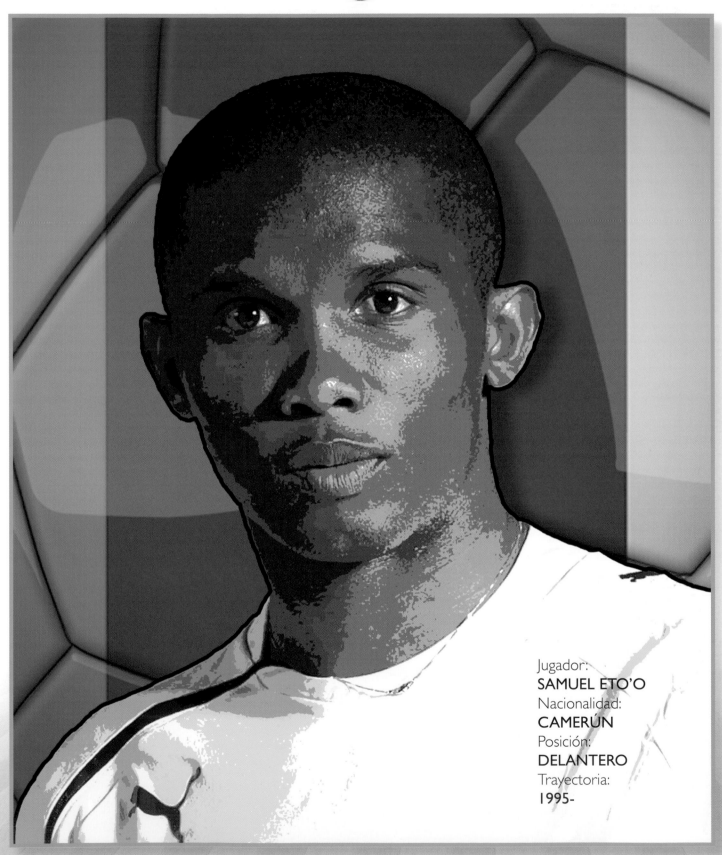

Jugador:
SAMUEL ETO'O
Nacionalidad:
CAMERÚN
Posición:
DELANTERO
Trayectoria:
1995-

Jugador:
ELÍAS FIGUEROA
Nacionalidad:
CHILE
Posición:
DEFENSA
Trayectoria:
1964-1982

Jugador:
IVÁN ZAMORANO
Nacionalidad:
CHILE
Posición:
DELANTERO
Trayectoria:
1983-2003

Jugador:
CARLOS VALDERRAMA
Nacionalidad:
COLOMBIA
Posición:
CENTROCAMPISTA
Trayectoria:
1981-2004

Jugador:
HONG MYUNG-BO
Nacionalidad:
COREA DEL SUR
Posición:
DEFENSA
Trayectoria:
1990-2004

Jugador:
DAVOR ŠUKER
Nacionalidad:
CROACIA
Posición:
DELANTERO
Trayectoria:
1984-2003

Jugador:
BRIAN LAUDRUP
Nacionalidad:
DINAMARCA
Posición:
CENTROCAMPISTA
Trayectoria:
1986-2000

Jugador:
MICHAEL LAUDRUP
Nacionalidad:
DINAMARCA
Posición:
CENTROCAMPISTA
Trayectoria:
1981-1998

Jugador:
PETER SCHMEICHEL
Nacionalidad:
DINAMARCA
Posición:
GUARDAMETA
Trayectoria:
1981-2003

Jugador:
ÍKER CASILLAS
Nacionalidad:
ESPAÑA
Posición:
GUARDAMETA
Trayectoria:
1999-

Jugador:
DAVID VILLA
Nacionalidad:
ESPAÑA
Posición:
DELANTERO
Trayectoria:
2001-

Jugador:
EMILIO BUTRAGUEÑO
Nacionalidad:
ESPAÑA
Posición:
DELANTERO
Trayectoria:
1984-1998

Jugador:
LUIS ENRIQUE
Nacionalidad:
ESPAÑA
Posición:
CENTROCAMPISTA
Trayectoria:
1989-2004

Jugador:
RAÚL GONZÁLEZ
Nacionalidad:
ESPAÑA
Posición:
DELANTERO
Trayectoria:
1994-

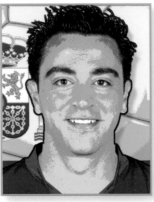

Jugador:
XAVI HERNÁNDEZ
Nacionalidad:
ESPAÑA
Posición:
CENTROCAMPISTA
Trayectoria:
1997-

Jugador:
FERNANDO TORRES
Nacionalidad:
ESPAÑA
Posición:
DELANTERO
Trayectoria:
2002-

Jugador:
KENNY DALGLISH
Nacionalidad:
ESCOCIA
Posición:
DELANTERO
Trayectoria:
1969-1990

Jugador:
MICHELLE AKERS
Nacionalidad:
ESTADOS UNIDOS
Posición:
CENTROCAMPISTA
Trayectoria:
1985-2000

Jugador:
MIA HAMM
Nacionalidad:
ESTADOS UNIDOS
Posición:
DELANTERA
Trayectoria:
1987-2004

Jugador:
ÉRIC CANTONA
Nacionalidad:
FRANCIA
Posición:
DELANTERO
Trayectoria:
1983-1997

Jugador:
MARCEL DESAILLY
Nacionalidad:
FRANCIA
Posición:
DEFENSA
Trayectoria:
1986-2006

Jugador:
DIDIER DESCHAMPS
Nacionalidad:
FRANCIA
Posición:
CENTROCAMPISTA
Trayectoria:
1985-2001

Jugador:
JUST FONTAINE
Nacionalidad:
FRANCIA
Posición:
DELANTERO
Trayectoria:
1950-1962

Jugador:
THIERRY HENRY
Nacionalidad:
FRANCIA
Posición:
DELANTERO
Trayectoria:
1994-

Jugador:
RAYMOND KOPA
Nacionalidad:
FRANCIA
Posición:
CENTROCAMPISTA
Trayectoria:
1949-1967

Jugador:
JEAN-PIERRE PAPIN
Nacionalidad:
FRANCIA
Posición:
DELANTERO
Trayectoria:
1983-1998

Jugador:
ROBERT PIRÈS
Nacionalidad:
FRANCIA
Posición:
CENTROCAMPISTA
Trayectoria:
1993-

Jugador:
MICHEL PLATINI
Nacionalidad:
FRANCIA
Posición:
CENTROCAMPISTA
Trayectoria:
1972-1987

Jugador:
LILIAN THURAM
Nacionalidad:
FRANCIA
Posición:
DEFENSA
Trayectoria:
1991-2008

Jugador:
MARIUS TRESOR
Nacionalidad:
FRANCIA
Posición:
DEFENSA
Trayectoria:
1969-1984

Jugador:
DAVID TRÉZÉGUET
Nacionalidad:
FRANCIA
Posición:
DELANTERO
Trayectoria:
1993-

Jugador:
PATRICK VIEIRA
Nacionalidad:
FRANCIA
Posición:
CENTROCAMPISTA
Trayectoria:
1993-

Jugador:
ZINEDINE ZIDANE
Nacionalidad:
FRANCIA
Posición:
CENTROCAMPISTA
Trayectoria:
1988-2006

Jugador:
ABÉDI PELÉ
Nacionalidad:
GHANA
Posición:
CENTROCAMPISTA
Trayectoria:
1993-1999

Jugador:
FERENC PUSKÁS
Nacionalidad:
HUNGRÍA
Posición:
DELANTERO
Trayectoria:
1943-1955, 1957-1966

Jugador:
DAVID BECKHAM
Nacionalidad:
INGLATERRA
Posición:
CENTROCAMPISTA
Trayectoria:
1993-

Jugador:
GORDON BANKS
Nacionalidad:
INGLATERRA
Posición:
GUARDAMETA
Trayectoria:
1955-1972, 1977-1978

Jugador:
BOBBY CHARLTON
Nacionalidad:
INGLATERRA
Posición:
CENTROCAMPISTA
Trayectoria:
1954-1975

Jugador:
KEVIN KEEGAN
Nacionalidad:
INGLATERRA
Posición:
DELANTERO
Trayectoria:
1968-1985

Jugador:
GARY LINEKER
Nacionalidad:
INGLATERRA
Posición:
DELANTERO
Trayectoria:
1978-1994

Jugador:
ALAN SHEARER
Nacionalidad:
INGLATERRA
Posición:
DELANTERO
Trayectoria:
1988-2006

Jugador:
ROY KEANE
Nacionalidad:
IRLANDA
Posición:
CENTROCAMPISTA
Trayectoria:
1989-2006

Jugador:
GEORGE BEST
Nacionalidad:
IRLANDA DEL NORTE
Posición:
CENTROCAMPISTA
Trayectoria:
1963-1981,1983-1984

Jugador:
ROBERTO BAGGIO
Nacionalidad:
ITALIA
Posición:
CENTROCAMPISTA
Trayectoria:
1982-2004

Jugador:
MICHAEL OWEN
Nacionalidad:
INGLATERRA
Posición:
DELANTERO
Trayectoria:
1996-

Jugador:
FRANCO BARESI
Nacionalidad:
ITALIA
Posición:
DEFENSA
Trayectoria:
1977-1997

Jugador:
GIUSEPPE BERGOMI
Nacionalidad:
ITALIA
Posición:
DEFENSA
Trayectoria:
1980-1999

Jugador:
GIAMPIERO BONIPERTI
Nacionalidad:
ITALIA
Posición:
DELANTERO
Trayectoria:
1946-1961

Jugador:
GIANLUIGI BUFFON
Nacionalidad:
ITALIA
Posición:
GUARDAMETA
Trayectoria:
1995-

Jugador:
FABIO CANNAVARO
Nacionalidad:
ITALIA
Posición:
DEFENSA
Trayectoria:
1992-

Jugador:
ALESSANDRO DEL PIERO
Nacionalidad:
ITALIA
Posición:
DELANTERO
Trayectoria:
1991-

Jugador:
GIACINTO FACCHETTI
Nacionalidad:
ITALIA
Posición:
DEFENSA
Trayectoria:
1960-1978

Jugador:
PAOLO MALDINI
Nacionalidad:
ITALIA
Posición:
DEFENSA
Trayectoria:
1984-2009

Jugador:
ALESSANDRO NESTA
Nacionalidad:
ITALIA
Posición:
DEFENSA
Trayectoria:
1993-

Jugador:
GIANNI RIVERA
Nacionalidad:
ITALIA
Posición:
CENTROCAMPISTA
Trayectoria:
1959-1979

Jugador:
PAOLO ROSSI
Nacionalidad:
ITALIA
Posición:
DELANTERO
Trayectoria:
1976-1987

Jugador:
FRANCESCO TOTTI
Nacionalidad:
ITALIA
Posición:
DELANTERO
Trayectoria:
1993-

Jugador:
CHRISTIAN VIERI
Nacionalidad:
ITALIA
Posición:
DELANTERO
Trayectoria:
1989-

Jugador:
DINO ZOFF
Nacionalidad:
ITALIA
Posición:
GUARDAMETA
Trayectoria:
1961-1983

Jugador:
HIDETOSHI NAKATA
Nacionalidad:
JAPÓN
Posición:
CENTROCAMPISTA
Trayectoria:
1995-2006

Jugador:
GEORGE WEAH
Nacionalidad:
LIBERIA
Posición:
DELANTERO
Trayectoria:
1984-2003

Jugador:
HUGO SÁNCHEZ
Nacionalidad:
MÉXICO
Posición:
DELANTERO
Trayectoria:
1975-1998

Jugador:
AUGUSTINE OKOCHA
Nacionalidad:
NIGERIA
Posición:
CENTROCAMPISTA
Trayectoria:
1990-2008

Jugador:
DENNIS BERGKAMP
Nacionalidad:
PAÍSES BAJOS
Posición:
DELANTERO
Trayectoria:
1986-2006

Jugador:
JOHAN CRUYFF
Nacionalidad:
PAÍSES BAJOS
Posición:
CENTROCAMPISTA
Trayectoria:
1964-1984

Jugador:
EDGAR DAVIDS
Nacionalidad:
PAÍSES BAJOS
Posición:
CENTROCAMPISTA
Trayectoria:
1991-2009

Jugador:
RUUD GULLIT
Nacionalidad:
PAÍSES BAJOS
Posición:
CENTROCAMPISTA
Trayectoria:
1979-1998

Jugador:
PATRICK KLUIVERT
Nacionalidad:
PAÍSES BAJOS
Posición:
DELANTERO
Trayectoria:
1994-2008

Jugador:
JOHAN NEESKENS
Nacionalidad:
PAÍSES BAJOS
Posición:
CENTROCAMPISTA
Trayectoria:
1968-1991

Jugador:
ROB RENSENBRINK
Nacionalidad:
PAÍSES BAJOS
Posición:
DELANTERO
Trayectoria:
1969-1982

Jugador:
FRANK RIJKAARD
Nacionalidad:
PAÍSES BAJOS
Posición:
CENTROCAMPISTA
Trayectoria:
1980-1995

Jugador:
CLARENCE SEEDORF
Nacionalidad:
PAÍSES BAJOS
Posición:
CENTROCAMPISTA
Trayectoria:
1992-

Jugador:
MARCO VAN BASTEN
Nacionalidad:
PAÍSES BAJOS
Posición:
DELANTERO
Trayectoria:
1982-1993

Jugador:
RENÉ VAN DE KERKHOF
Nacionalidad:
PAÍSES BAJOS
Posición:
CENTROCAMPISTA
Trayectoria:
1970-1989

Jugador:
WILLY VAN DE KERKHOF
Nacionalidad:
PAÍSES BAJOS
Posición:
CENTROCAMPISTA
Trayectoria:
1970-1988

Jugador:
RUUD VAN NISTELROOY
Nacionalidad:
PAÍSES BAJOS
Posición:
DELANTERO
Trayectoria:
1993-

Jugador:
ROMERITO
Nacionalidad:
PARAGUAY
Posición:
CENTROCAMPISTA
Trayectoria:
1977-1996

Jugador:
TEÓFILO CUBILLAS
Nacionalidad:
PERÚ
Posición:
CENTROCAMPISTA
Trayectoria:
1966-1984, 1987-1989

Jugador:
ZBIGNIEW BONIEK
Nacionalidad:
POLONIA
Posición:
DELANTERO
Trayectoria:
1975-1988

Jugador:
EUSÉBIO
Nacionalidad:
PORTUGAL
Posición:
DELANTERO
Trayectoria:
1957-1978

Jugador:
LUÍS FIGO
Nacionalidad:
PORTUGAL
Posición:
CENTROCAMPISTA
Trayectoria:
1989-2009

Jugador:
RUI COSTA
Nacionalidad:
PORTUGAL
Posición:
CENTROCAMPISTA
Trayectoria:
1990-2008

Jugador:
JOSEF MASOPUST
Nacionalidad:
REPÚBLICA CHECA
Posición:
CENTROCAMPISTA
Trayectoria:
1950-1970

Jugador:
PAVEL NEDVED
Nacionalidad:
REPÚBLICA CHECA
Posición:
CENTROCAMPISTA
Trayectoria:
1992-2009

Jugador:
GHEORGHE HAGI
Nacionalidad:
RUMANÍA
Posición:
CENTROCAMPISTA
Trayectoria:
1982-2001

Jugador:
CRISTIANO RONALDO
Nacionalidad:
PORTUGAL
Posición:
DELANTERO
Trayectoria:
2001-

Jugador:
RINAT DASAEV
Nacionalidad:
RUSIA
Posición:
GUARDAMETA
Trayectoria:
1976-1991

Jugador:
EMRE BELÖZOGLU
Nacionalidad:
TURQUÍA
Posición:
CENTROCAMPISTA
Trayectoria:
1982-1993

Jugador:
RÜSTÜ REÇBER
Nacionalidad:
TURQUÍA
Posición:
GUARDAMETA
Trayectoria:
1991-

Jugador:
ANDRIY SHEVCHENKO
Nacionalidad:
UCRANIA
Posición:
DELANTERO
Trayectoria:
1994-

Jugador:
ENZO FRANCESCOLI
Nacionalidad:
URUGUAY
Posición:
CENTROCAMPISTA
Trayectoria:
1980-1997

Jugador:
DIEGO FORLÁN
Nacionalidad:
URUGUAY
Posición:
DELANTERO
Trayectoria:
1997-

Jugador:
EL HADJI DIOUF
Nacionalidad:
SENEGAL
Posición:
DELANTERO
Trayectoria:
1998-